hänssler

INGE WESTERMANN

Sehnsucht nach Liebe

Mein Weg aus der Beziehungssucht

Jahrgang 1957, ledig; nach dem Abitur Studium der Sozialwissenschaften in Göttingen; 1982 erste Erfahrungen mit Arbeitslosigkeit; 1984-1986 Zusatzausbildung im EDV-Bereich; 1986-1993 jeweils befristete Tätigkeiten als Soziologin und in der Erwachsenenbildung (EDV, Psychologie, Esoterik); 1987-1995 Teilnahme an einer Selbsthilfegruppe (Beziehungssucht, Co-Abhängigkeit); 1990 Beginn der schriftstellerischen Arbeit über diese Gruppe und die Thematik. 1994 tiefe Lebenskrise/Depression, die zur Entscheidung für den christlichen Glauben führte. Seit 1997 freiberuflich als christliche Lebensberaterin, Schriftstellerin und Dozentin z. B. beim Frauenfrühstück tätig. Ab Oktober 2001 Tätigkeit als Therapeutin im Wendepunkt e. V., Christliches Seelsorge- und Rehabilitationszentrum in Velbert, Langenberg.

Die Abbildungen im Innenteil sind von der Autorin.

Bibelstellen wurden entnommen aus:

Luther 99
Bibeltext nach Luther '99 © Dt. Bibelgesellschaft, Stuttgart

Hoffnung für alle
Brunnen Verlag Basel und Gießen © 1983, 1996 by International Bible Society

hänssler-Paperback
Bestell-Nr. 393.761
ISBN 3-7751-3761-0

© Copyright 2001 by Hänssler Verlag,
D-71087 Holzgerlingen
Internet: www.haenssler.de
E-Mail: info@haenssler.de
Titelfoto: Micha Pawlitzki
Umschlaggestaltung: Daniel Kocherscheidt
Satz: AbSatz, Klein Nordende
Druck und Bindung: Ebner Ulm
Printed in Germany

Inhalt

Du hast uns zu dir hin erschaffen
und unser Herz kommt nicht eher
zur Ruhe, bis es in dir ruht.

AURELIUS AUGUSTINUS, 354-430

Mit einem Buch kam alles ins Rollen

Im Sommer 1986, ich war damals 28 Jahre alt, fand ich auf dem Tisch meiner Schwester Monika ein Buch mit dem Titel »Wenn Frauen zu sehr lieben.«[1] Neugierig blätterte ich in dem Buch. Dabei stieß ich auf verschiedene Lebensberichte von Frauen, die mit einem alkohol- oder drogenabhängigen Partner zusammen waren. Ich fand mich in keiner der kurz angelesenen Geschichten wieder und legte das Buch zunächst zur Seite.

1987 habe ich mich nach einer längeren Zeit innerer Kämpfe aus einer dreijährigen Partnerschaft gelöst. Im Sommerurlaub des gleichen Jahres verliebte ich mich neu, diese Beziehung wurde jedoch nach zwei Monaten von dem Mann aufgelöst. Ich war sehr niedergeschlagen und in mir wuchs die Gewissheit, dass ich immer wieder eine falsche oder auch voreilige Partnerwahl traf, die mir nicht gut tat bzw. dass die Konflikte und Krisen innerhalb der bestehenden Partnerschaften durch ein Gefangensein beider Beteiligten in Minderwertigkeitsgefühlen und persönlichen Ängsten keine positive Entwicklung nehmen konnten. Mit 23 Jahren wusste ich bereits durch therapeutische Beratungsgespräche, dass mich eine Art »Automatismus« eher auf distanzierte und noch nicht bindungsbereite Männer reagieren ließ. Es war mir oftmals nicht möglich, mich noch zurückzuzie-

---

[1] Robin Norwood; Wenn Frauen zu sehr lieben; Hamburg 1986

hen, auch wenn die Beziehung von Anfang an sehr schwierig und anstrengend war. Und in schwierigen Situationen fühlte ich mich in »automatischen inneren Abläufen« gefangen, die mich zu spontanen Trennungen oder anderen, eher gegenteiligen Überaktivitäten drängten. Viele Jahre hatte ich, teilweise erfolgreich, versucht, diesen »Automatismen« entgegenzusteuern. Doch nun, erneut allein stehend, war ich sehr resigniert und ich spürte, dass ich mich alleine nicht aus diesen schmerzhaften Wiederholungen würde befreien können.

Im Herbst 1987 besuchte ich wieder meine Schwester. In ihrem Bücherbestand suchte ich nach einer interessanten Lektüre für eine geplante längere Zugreise in die damalige DDR. Wieder fiel mir das Buch »Wenn Frauen zu sehr lieben« in die Hand. Ich habe es auf der Hin- und Rückreise regelrecht verschlungen und endlich einen Namen für meine »Automatismen« gefunden. Ich war beziehungssüchtig! Wie schmerzhaft und gleichzeitig erleichternd diese Erkenntnis war. Robin Norwood zeigt in ihrem Buch Parallelen zwischen dem Krankheitsverlauf eines Alkoholikers und dem eines Beziehungssüchtigen auf, in dem ich viele Erfahrungen meines Lebens wieder fand. Ähnlich wie bei der Alkoholsucht verläuft die Beziehungssucht in einer steten Abwärtsentwicklung bis an den Punkt, an dem die Frau im Teufelskreis der Beziehungssucht gefangen ist.

Im Oktober 1987 bin ich in eine neu gegründete Selbsthilfegruppe »Wenn Frauen zu sehr lieben« gegangen. Was für eine Erleichterung, auf Frauen zu treffen, die genau wie ich immer wieder in unglücklichen und kräferaubenden Beziehungen verstrickt waren, aus denen sie sich nur schwer lösen konnten. Sie hatten ebenfalls dieses Leiden lange mit Liebe verwechselt, weil sie in ihrer Kindheit nicht erfuhren, wie sich eine gesunde Beziehung anfühlt. Dass die Gruppe so gut über die ersten Gründungsschwierigkeiten hinwegkam, lag sicherlich u. a. daran, dass wir die ersten zehn Wochen therapeutisch begleitet wurden und uns anschließend an dem Buch von Robin Norwood und den darin vorgeschlagenen 10 Schritten zur Genesung »festhalten« konnten. Die Leitung wechselte wöchentlich. Die Treffen fanden in einem neutralen Raum statt. Während des zweistündigen Meetings gab es weder Getränke noch etwas zu essen, damit wir lernten, uns den aufkommenden Gedanken und Gefühlen ohne Ablenkung zu stellen.

In Norwoods zweitem Buch »Briefe von Frauen, die zu sehr lieben« hat sie in Anlehnung an das 12-Schritte-Programm der Anonymen Alkoholiker die 12 Schritte für die Anonymen Beziehungssüchtigen formuliert, bei denen besonders die Beschäftigung mit den drei ersten Schritten viel Raum in unserer Arbeit einnahm.[2]

1. Wir gaben zu, dass wir unseren Beziehungen gegenüber machtlos sind - und unser Leben nicht mehr meistern konnten.
2. Wir kamen zu dem Glauben, dass eine Macht, größer als wir selbst, uns unsere geistige Gesundheit wiedergeben kann.
3. Wir fassten den Entschluss, unseren Willen und unser Leben der Sorge Gottes – wie wir ihn verstanden – anzuvertrauen.

Zum ersten Mal seit vielen Jahren beschäftigte ich mich wieder mit »Spiritualität« und der Vorstellung von einer »Höheren Macht«. Ich bin für zwei bis drei Jahre bewusst partnerschaftlich abstinent geblieben, habe Hobbys gepflegt, als EDV-Dozentin gearbeitet und Schritt für Schritt gelernt, alleine zu sein. Die Gruppe war mir in dieser Zeit eine große Stütze. Die Begegnung mit Gleichgesinnten, die sich mit ähnlichen Beziehungsproblemen herumschlugen, war sehr tröstlich.

Ich war so begeistert von unserer guten und kontinuierlichen Gruppenarbeit, dass ich 1990 beschloss, über unser Konzept ein Buch zu schreiben, welches auch die Lebensberichte der Teilnehmerinnen beinhalten sollte. Ende 1992 hatte ich die Interviews mit den Frauen sowie einige wichtige Kapitel fertig gestellt.

---

[2] Robin Norwood; Briefe von Frauen, die zu sehr lieben; Hamburg 1988; S. 294

In einem der Kapitel stellte ich die bei vielen Frauen beobachtete, im Erziehungsprozess erlernte Hilflosigkeit unserem Gruppenmerkmal »Selbsthilfe« gegenüber. Ich war überzeugt, dass wir uns von Beziehungssucht befreien können, wenn wir unsere Selbsthilfefähigkeit in den Dienst der Selbstentfaltung und Selbstbefreiung investieren würden. Sehr viel Selbsthilfe und ein wenig »Höhere Macht«, die ich in einem letzten Kapitel »Glauben« näher beschreiben wollte, schienen mir der richtige Weg in die Freiheit und Beziehungsfähigkeit zu sein.

Im Frühling 1994 nahm ich das besagte Kapitel »Glauben« in Angriff. Ich setzte mittlerweile große Hoffnungen in eine erfolgreiche Fertigstellung meines Buches. Partnerschaftlich und auch beruflich hatte ich nach jeweils einem weiteren, teilweise schönen, aber letztlich nicht tragfähigen Versuch kapituliert. Erneut war ich um zwei »befristete« Erfahrungen reicher. Ich blieb letztlich mit einem noch tieferen Lebenshunger und zunehmender Angst vor Menschen zurück. So wollte ich wenigstens eine erfolgreiche Schriftstellerin werden!

Doch an der Fertigstellung des Glaubenskapitels bin ich fast verzweifelt. Ich wollte die mögliche Befreiung von süchtigem Verhalten durch einen Zuwachs an Erkenntnis und spirituellem Bewusstsein deutlich machen. Nur durch eine Erweiterung und eine Verbindung unseres wachsenden Bewusstseins mit dem kosmischen und unpersönlichen Bewusstsein, wir nannten es auch allgemein »Höhere Macht«, die in allem verborgen war und alles miteinander verband, schien eine Überwindung des abhängigen Verhaltens möglich.[3]

Nach mehreren erfolglosen Schreibversuchen habe ich auch diese letzte Hoffnung resigniert zur Seite gelegt. Körperlich sehr verkrampft und erschöpft bin ich im Sommer 1994 zur Erholung in eine christliche Pension in die Schweiz gefahren. Mein allumfassendes Gottesbild, welches in allen religiösen Richtungen Gott vertreten sah, schloss natürlich auch das

---

[3] Näheres dazu in meinem Buch: Sehnsucht nach dem verlorenen Paradies; New Age und Christentum im Vergleich; Eigene Erfahrungen und Reflexionen; Holzgerlingen 2001

Christentum nicht aus. Jesus war schon ein toller Mann und Reformator gewesen.

In der dortigen Hausbibliothek stieß ich auf ein kleines Büchlein, in dem einige Menschen von ihrem neuen Leben durch Jesus Christus erzählten. In der hauseigenen Bibel las ich einige Stellen zum Thema Angst und spürte, dass Jesus mit seinem tröstenden »Fürchte dich nicht« etwas tief in mir berührte. Ich öffnete in meiner Lebensnot in ersten, tastenden Versuchen Jesus mein Herz und er begann, mir zu antworten: Er stellte mein Leben in den darauf folgenden Monaten auf eine völlig neue Glaubens- und Lebensgrundlage. Er machte mir deutlich, dass ich mir in den vergangenen Jahren eine eigene, private Vorstellung von Gott gemacht habe, ihn aber nie gefragt habe, wer er ist, wie er ist und wie ich ihn kennen lernen kann.

Meine jahrelange Suche war zu Ende. Ich hatte und habe in Jesus eine Heimat gefunden. Ich wusste mit tiefer Gewissheit, dass er der einzige und richtige Weg zum wahren Gott ist, ja dass er Gott selber ist. Ebenso erkannte ich, dass das 12-Schritte-Programm, so sehr ich es nach wie vor schätze, in seinem eigentlichen Kern Schwachstellen aufweist. Seine Stärke liegt darin, dass es den Hilfe suchenden Menschen deutlich macht, dass nur durch eine spirituelle Ausrichtung Befreiung und Gesundung möglich ist. Doch die Möglichkeit, sich an »einen Gott zu wenden – so wie wir ihn verstanden« (3. Schritt), unterstützt nach meinen Beobachtungen und Erfahrungen die bereits sehr verbreitete Ansicht, dass jeder Weg zu Gott und damit auch jedes individuelle persönliche oder unpersönliche Gottesbild auch aus der Sicht Gottes in Ordnung sei. Diese Auffassung birgt die Gefahr in sich, dass wir jeden Zugang zur unsichtbaren Welt gutheißen und als suchende und an unserer Krankheit leidende Menschen zusätzlich mit Kräften in Kontakt kommen können, die uns nicht von unserer Abhängigkeit befreien, sondern, wie ich es selbst erlebt habe, neue Abhängigkeiten auslösen können.

Im Mai 1995 habe ich mich von meiner Therapeutin, die mich drei Jahre lang liebevoll begleitet hat, und von der Selbsthilfegruppe nach fast achtjähriger Zugehörigkeit verabschiedet.

Zusammen mit einer anderen Frau gründete ich eine christliche Frauengruppe in einer Gemeinde, in die mich Gott mittlerweile geführt hatte. Ich erkannte jedoch nach einiger Zeit, dass ich mit meinem neuen, noch wackeligen Glauben in dieser Co-Leitung überfordert war. Zur gleichen Zeit begann ich das fast fertig gestellte Buch völlig neu zu überarbeiten. Es war zunächst sehr schwierig für mich, nahezu alles Geschriebene loszulassen und mein fast fertiges Konzept nach vier Jahren gänzlich neu zu überdenken. Ich bin Jesus heute sehr dankbar, dass er eine vorherige Fertigstellung des Glaubenskapitels verhindert hatte. Auch bin ich dankbar über die Tatsache, dass frühere Kontakte zu einigen Buchverlagen negative Ergebnisse brachten. Auf diese Weise fand mein esoterisches New-Age-Gedankengut keine größere Verbreitung. Ich möchte mich an dieser Stelle von ganzem Herzen bei den Menschen entschuldigen, denen ich meine Überzeugung von einer Selbsterlösung durch Erkenntniszuwachs innerhalb mehrerer Leben (Reinkarnationslehre) vermittelt habe. Dieser »Holzweg« hatte nach einer anfänglichen Begeisterung meine Lebensängste verstärkt. Mein »privates, unpersönliches Gottesbild« hat mich letztlich nicht aus Lebensangst und Beziehungsabhängigkeiten befreit.

Dann stellte sich mir die bange Frage: Was sollte mit den ersten drei Kapiteln geschehen, in denen ich mögliche Zusammenhänge zwischen den gesellschaftlich weniger anerkannten Lebensformen von Frauen und einem damit einhergehenden Minderwertigkeitsgefühl, welches die Beziehungssucht verstärkt, herausgearbeitet hatte? Während der Überarbeitung machte Jesus mir langsam klar, dass ich mich in diesem Buch im Wesentlichen auf die Befreiung von zwischenmenschlichem Abhängigkeitsverhalten durch die Entscheidung für ihn, den lebendigen Gott, konzentrieren sollte. Eine vertrauensvolle Beziehung zu ihm wäre der Beginn und die Grundlage echter Befreiung, gerade auch von gesellschaftlichen Normen und Rollenmustern, die nicht in seinem Sinne sind und uns deswegen einengen und krank machen. Die Darstellung soziologischer Zusammenhänge und Hintergründe soll deshalb im vorliegenden

Buch keinen wesentlichen Raum einnehmen. Doch eines ist mir, bezogen auf die gesellschaftliche Minderbewertung von weiblichen Lebens- und Denkformen schon lebendig und erfahrbar geworden: Mein Minderwertigkeitsgefühl beginnt durch die heilende Hand von Jesus und seine bedingungslose Annahme auszuheilen. Ich fühle mich von ihm als Frau wertgeschätzt und weiß, dass er mir hilft, den gesellschaftlichen Platz einnehmen zu können, den er mir zugedacht hat. Daraus entwickelt sich Schritt für Schritt Selbstachtung und ein Respekt vor dem anderen. Jesus baut mit mir gute Beziehungen auf sowohl zu Frauen als auch zu Männern.

In meinem Buch wechseln sich sachliche und autobiografische Inhalte ab. Zu meiner Biografie gehören meine Kindheit und damit die Menschen, an deren Seite ich groß geworden bin. An einigen Stellen meines Buches werde ich mich auf diese Menschen und ihren Einfluss auf mich beziehen bzw. darauf, wie ich damals die Dinge wahrgenommen habe. Kritische Äußerungen beziehen sich dabei auf bestimmte Verhaltensweisen, nicht auf die Person als ganze. Ich schätze meine Familie und kann die Menschen, die Gott mir als Kind zur Seite gestellt hat, zunehmend lieben und annehmen.

Viele Menschen haben direkt oder indirekt dazu beigetragen, dass dieses Buch nach fast zehnjähriger Arbeit fertig gestellt werden konnte. Nicht selten haben mich Freunde oder Bekannte durch die bloße Nachfrage: »Was macht Dein Buch« motiviert, das Projekt – auch gerade während der mühsamen Überarbeitung nach der radikalen Veränderung meiner Glaubens- und Weltanschauung – zu Ende zu bringen. Dankenswert erwähnen möchte ich an dieser Stelle besonders die Frauen der ehemaligen Selbsthilfegruppe, sowie Anke Niklason, Jennifer Kämper, Christian Gelewski, Sabine Franzen, Kurt Friedrichs und Lothar Krauss. Danken möchte ich den Mitgeschwistern meiner beiden Hauskreise, die immer wieder für das Gelingen des Buches gebetet haben, mein besonderer Dank gilt dabei Anja Kahle. Bedanken möchte ich mich auch bei Gustav Knebel von der Universität O., der mich liebevoll über neun Jahre in Software- und Druckerfragen unterstützt hat. Tiefen Dank empfinde ich Egon Schulz gegenüber, der sich alle meine Gedanken bei zahlreichen Spaziergängen und Kneipenbesuchen geduldig angehört hat und mir immer Mut gemacht hat, die Arbeit zu beenden. Ohne tatkräftige Unterstützung der Korrekturleser hätte dieses Buch ebenfalls nicht die jetzige Form annehmen können. Mein Dank gilt dabei Ellen, Egon, Alexander Kahle und ganz besonders Andrea Hehmann, die im Jahr 1999 das Buch zweimal komplett durchgelesen und überarbeitet hat.

1. Teil

Aus der Abhängigkeit zur Liebe

1. Gefangen in der Abhängigkeit

> Nichts ist so undurchschaubar wie
> das menschliche Herz, es ist unheilbar
> krank. Wer kann es ergründen?
>
> JEREMIA 17, 9

Der Mensch braucht den Mitmenschen. Bereits in ganz normalen Alltagsabläufen (Einkauf, Nachbarschaft, Behördengänge etc.) sind wir auf den Mitmenschen, der uns bedient oder kurz mit uns spricht, angewiesen. Über diese kurzen Kontakte hinaus hat der Mensch ein natürliches Bedürfnis nach tieferen Beziehungen, nach Austausch, Begegnung, Liebe und Zärtlichkeit, auch wenn naturell bedingt graduelle Unterschiede in dem Bedürfnis nach Häufigkeit und Tiefe der Beziehungen vorhanden sind. Der beziehungsorientierte, Nähe liebende Mensch ist sicher eher auf guten und häufigeren Kontakt angewiesen, als der sachorientierte Mensch. Es ist natürlich, sich nach einer guten Partnerschaft zu sehnen und an den Krisen zu reifen. Genauso wichtig ist es, dass wir andere Beziehungen pflegen, und bereit sind, einander zu helfen und zu stützen.

Nicht wenige allerdings leiden in diesem so wichtigen Lebensbereich der zwischenmenschlichen Beziehungen unter einem großen Mangel oder einer großen Belastung. Für nicht wenige Menschen sind bereits die eher oberflächlichen Kurzkontakte mit Ängsten und Problemen verbunden. Beziehungen erweisen sich oft als mühsam und äußerst anstrengend. Nicht selten sind wir bis an unsere physischen und psychischen Grenzen herausgefordert, Beziehungsstress als Dauerzustand begleitet viele von uns. Gesellschaftliche Momente lasten auf unseren Beziehungen: hohe zeitliche Anforderungen am Arbeitsplatz, zunehmende Arbeitslosigkeit, anonymes Wohnen, überfüllte Autostraßen, auf denen spontane Kontakte und Gespräche nicht mehr möglich sind, hohe romantische Beziehungsideale u. a. werfen uns auf einige wenige Menschen zurück. Das natürliche Bedürfnis nach Beziehung und Bindung wird so nicht selten zu einer ungesunden Fixierung und Abhängigkeit von einigen wenigen Menschen. Kommen, als ein weiterer Aspekt, noch Verletzungen und Mangelerfahrungen aus der Kindheit dazu, können tiefste, suchtähnliche Beziehungsstörungen die Folge sein. Beziehungen machen uns krank und süchtig, wenn sie zum einzigen Lebensmittelpunkt werden. Wir bleiben abhängig, solange wir unsere gesunde Sehnsucht nach Halt und Sicherheit in menschlichen Beziehungen oder in von Menschen erdachten Weltanschauungen stillen wollen.

Die Neigung, sich zu sehr auf Menschen zu konzentrieren, möchte ich im Folgenden an drei Schwerpunkten näher ausführen. Jedes fixierte Verharren in einem dieser Bereiche macht gefangen und auf ungesunde Weise abhängig.

1.1 Gebundenheit in der Partnerschaft

Alle Teilnehmerinnen der 1987 gegründeten Selbsthilfegruppe waren an einem sehr kritischen Punkt in ihrem Leben angekommen. Wir waren unsicher und gestanden uns ein, dass wir – neben einer eventuellen Einzeltherapie – den Austausch mit anderen Frauen brauchten, die Gleiches oder Ähnliches in ihren Partnerschaften erlebt hattben. Wir fragten uns, warum wir immer wieder alleine sind, ob wir uns die falschen Männer suchen oder warum wir von einem bestimmten Mann nicht loskommen. Wir überlegten, inwieweit wir überhaupt liebes- und beziehungsfähig sind. Oder waren wir ganz in Ordnung, während es keine beziehungsfähigen Männer gab? Bücher wie »Wenn Frauen zu sehr lieben« von Robin Norwood oder »Unabhängig sein; Jenseits der Sucht gebraucht zu werden« von Melody Beattie[4] machen vielen Frauen zunehmend deutlich, wie weit verbreitet ihr bis dahin privat geglaubtes Unglück ist, welches sie mit Willen, Entschlossenheit und einigen guten Büchern in den Griff zu bekommen suchten. Der Austausch mit anderen Gleichgesinnten und Gleichbetroffenen brachte Erleichterung und vor anderen jahrelang verharmlostes Beziehungssuchtverhalten konnte in einem geschützten Rahmen endlich befreiend ans Licht kommen.

Kindheit

Die ersten 19 Jahre meines Lebens lebte ich in einer Einfamilienhaussiedlung am grünen und noch sehr bäuerlich geprägten Stadtrand von O. Intensive, fast dörfliche Nachbarschaftskontakte waren sehr üblich und wir spielten als Kinder ganz selbstverständlich in den nachbarschaftlichen Häusern und Gärten. Mein Vater ist im aufbauenden Wirtschaftsland Deutschland nie arbeitslos gewesen und versorgte mit seinem Beruf als Tischler die Familie. Meine Mutter habe ich immer nur beschäftigt gesehen. Sie versorgte die fünf Kinder und das Einfamilienhaus mit dem großen Garten, aus dem viele Jahre Gemüse und Obst geerntet wurden. Meine zwei Brüder und zwei Schwestern wählten nach ihrem Hauptschulabschluss handwerkliche Berufe, die älteste Schwester entschied sich für den Weg als Angestellte im Büro. Ich habe nur wenig konkrete Kindheitserinnerungen, eher sind Empfindungen und Grundstimmungen in mir hängen geblieben. So kann ich mich an eine Distanz zu meinen Geschwistern erinnern, zumal diese bereits zwischen dem 5. und

---

[4] Melody Beattie; Unabhängig sein – Jenseits der Sucht, gebraucht zu werden; München 1991

10. Lebensjahr waren, als ich zur Welt kam. Sie gingen schon bald ihre eigenen Wege außerhalb des Hauses, und als ich schon sehr früh für mich die Welt der Bücher und des Lernens entdeckte, schienen sich unsere Wege noch weiter voneinander zu entfernen. Meine Eltern haben mich mit vielem versorgt: mit gepflegter Kleidung, ausreichender Nahrung, einem sauberen Bett und Zuwendung, so weit es ihnen möglich war. Doch es mangelte mir sehr an Wärme und Austausch. Trost suchte ich im Sport und im Herumtoben beim Spielen, Bereiche, in denen mir meine Eltern sehr viel Freiheiten gelassen haben. Mit drei Jahren war ich gestürzt und musste einige Tage im Krankenhaus verbringen. Wenn meine Mutter mich besuchte, war ihr nicht erlaubt, direkt ins Zimmer zu kommen, und wir unterhielten uns durch eine Glasscheibe. Genauso empfand ich oftmals eine trennende, unüberwindliche »Glasscheibe« zwischen mir und den anderen Familienmitgliedern.

Die Tragik unseres Lebens liegt oftmals ja nicht in dem schmerzhaft Erlebten selber, sondern in der mangelnden Möglichkeit, sich jemandem mit seinen Erfahrungen und Verwirrungen anvertrauen zu können. Ich machte sehr früh die Erfahrung, dass ich mich mit vielen meiner Bedürfnisse, Gedanken und Sorgen nicht an meine Eltern und älteren Geschwister wenden konnte. Ich fühlte mich mit meinen Träumereien und Gedanken nicht selten als Fremdkörper in meiner Familie, die so ganz die pragmatische, funktionale Schiene eingeschlagen war und in der es für mein Bedürfnis nach vielschichtigem Austausch keinen Platz zu geben schien. Ich fühlte oft, dass ich mit meiner eher nachdenklichen und sensiblen Art anders als meine Familienmitglieder war. Ich dachte, im Wege zu sein, und dass die anderen erleichtert wären, wenn es die »komplizierte Inge, die andauernd etwas von einem will« nicht gäbe. Alltägliche Probleme und Konflikte wurden nicht auf eine offene Weise besprochen, sondern entweder totgeschwiegen oder plötzlich, völlig unvermittelt und nicht selten autoritär »erledigt«. Schon früh versuchte ich, meine Sehnsucht nach Zuwendung, sowie meine Angst vor Konflikten zu kontrollieren, indem ich meine Gedanken und Gefühle unterdrückte, und mich ganz auf die Charaktere und Bedürfnisse meiner Eltern und Geschwister einzustel-

len versuchte. Ich bemühte mich, im Tagesablauf zu funktionieren und keinen Anstoß für Ärger zu geben. Doch es veränderte die distanzierte Haltung mir gegenüber nicht und es mangelte weiterhin an Interesse, Lob und verbaler Wertschätzung, was nicht selten tiefe Gefühle von Ohnmacht und Einsamkeit bei mir auslöste. Gelegentlich schlug die angepasste Zurückhaltung in ihr Gegenteil um, und ich ertrotzte mir Nähe und Gespräch, in dem ich wie ein Wasserfall redete. Das zunehmend automatisierte Ausweich- und Vermeidungsverhalten steigerte sich später, gerade auch in besonders konflikthaften, herausfordernden Lebenssituationen nicht selten zu einer Todessehnsucht. Die Vorstellung, ein auch schon geringfügiges Anliegen meinerseits könnte möglicherweise zu Disharmonie und Streit führen, löste oftmals soviel Angst aus, dass die Gedanken an den Fluchtweg Tod manchmal sehr verführerisch waren.

Als ich 5 oder 6 Jahre alt war, hat ein mir nahe stehender Jugendlicher versucht, mich zum Geschlechtsverkehr zu zwingen. Der körperliche Schmerz und das innere Erschrecken darüber, dass ein für mich harmloses »Doktorspielen« plötzlich in Ernst umgeschlagen war, war für mich fast unerträglich. Ich kann mich nicht erinnern, ob ich den Versuch gemacht habe, mich damals jemandem mit meinen aufgewühlten Gefühlen anzuvertrauen. Ich glaube allerdings, dass ich eher geschwiegen habe, da die Angst, möglicherweise für alles die Schuld zu bekommen, viel zu groß gewesen ist.

Da ich mich mit meinem Wesen und Charakter nicht für anziehend und liebenswert hielt, setzte ich bereit sehr früh auf meine äußeren Reize. Ich wunderte mich zwar immer wieder, warum die Jungs auf mein Äußeres reagierten, da ich mich selber nicht schön fand, doch ich lernte sehr früh, genau dieses Äußere geschickt einzusetzen, um Aufmerksamkeit zu bekommen. Es schmeichelte mir, wenn Jungs oder auch Männer mich begehrten. Beim Handarbeitsunterricht in der 6. Klasse gab es an der dortigen Schule einen Hausmeister, der die Mädchen anfasste und streicheln wollte, wenn sie zur Toilette gingen. Ich dachte eine Weile, dass ich die einzige sei, die er anfasste, und ich war sogar etwas enttäuscht, als durch *ein Schreiben vom Amtsgericht, welches meiner Mutter mir mit der vorwurfsvollen Frage, ob ich irgendwelche Nachbarskinder verführt hatte, eines Tages unter die Nase hielt, rauskam, dass er mehrere Kinder angefasst haben musste. Eine Mitschülerin hatte ihrer Mutter von den Dingen berichtet. Ich wäre gar nicht auf die Idee gekommen, irgendjemanden von dieser Sache zu erzählen*

Jugendzeit

Meinen Hunger nach Anerkennung und Wertschätzung versuchte ich durch gute schulische Leistungen, aber vor allem sehr früh durch den Kontakt mit Jungen zu lindern. Hier suchte ich Bestätigung, Liebe und Halt. Ständig war ich verliebt und war sehr enttäuscht, wenn diese Gefühle nicht auf Gegenliebe stießen. Immer wieder hing ich mich mit meinem ganzen jungen Herz an Menschen, von denen ich nicht wirklich wusste, ob ich ihnen wichtig bin und ob sie mich mochten. Diejenigen, die mir wohlwollend und interessiert begegneten, reizten mich nicht, bzw. ich konnte ihnen, misstrauisch wie ich war, nicht glauben. Zudem nahm ich an, sie würden ihre Meinung über mich spätestens dann ändern, wenn sie mich näher kennen lernen würden. Also zeigte ich nur die Seiten von mir, von denen ich annahm, dass sie akzeptabel waren, während ich viele andere Impulse unterdrückte, bzw. ich schämte mich, wenn sie sichtbar wurden und hatte Angst zurückgewiesen zu werden.

Ab meinem 12. Lebensjahr, als ich u. a. schmerzhaft begriff, dass mein Vater vom Alkohol abhängig war, war ich auf einer Art permanentem Stressniveau. Mein Fluchtweg »Beziehungssucht« hielt mich ständig unter Strom. Ich schwänzte häufig die Schule, hing meistens mit der Clique in der Innenstadt rum und interessierte mich nur noch für Parties und Jungs. Ich kam regelmäßig zu spät zu den Mahlzeiten, was manchmal zu handgreiflichen Auseinandersetzungen mit meiner Mutter führte, die mich anschließend ohne Essen ins Bett schickte.

Mit 13 hatte ich meinen ersten richtigen Freund. Wir unternahmen sehr viel gemeinsam in der Clique. Ich liebte ihn sehr, konnte es jedoch im Grunde nicht glauben, dass ich jemand so wichtig war, dass er mich als Freundin haben wollte. Drei Monate später, im Herbst 1970, hörte ich von anderen, dass er sich für ein anderes Mädchen interessieren würde. Kurze Zeit später löste er die Freundschaft auf und für mich brach eine Welt zusammen. Über ein Jahr lang war ich traurig und depressiv. Ich dachte den ganzen Tag nur an ihn, schrieb ihm Gedichte und suchte ihn an den Orten in der Innenstadt auf, bei denen wir uns früher aufgehalten hatten. Wenn ich ihn sah, war ich total aufgeregt und aufgewühlt, weil ich ihn so anziehend fand. Ich kämpfte über ein Jahr um ihn und klaute sogar im Kaufhaus, um ihm teure Geschenke machen zu können. Eines Tages habe ich mal wieder an seiner Tür geklingelt und bat ihn, mich reinzulassen. Er dealte damals mit Drogen, und um einen Anlass für mein Kommen zu haben, bat ich ihn um etwas Haschisch. Wir redeten und schmusten etwas miteinander. Irgendwann stand er auf, ging zur Kommode und holte Präservative heraus. Nein, mit ihm schlafen wollte ich auf keinen Fall. Ich raffte in Eile meine Klamotten zusammen und verließ fluchtartig das Haus.

Mit meiner damaligen Freundin Claudia tauschte ich alle Gedanken und Erlebnisse aus. Einmal versuchte ich mit meiner Mutter über meine Probleme zu sprechen, doch sie stellte nur fest, dass man mit 13 Jahren eigentlich noch keine wirklichen Probleme haben könne, und widmete sich wieder ihrer Arbeit. Kurze Zeit später, mit 14, lernte ich den 15-jährigen Kai kennen. Die neue Liebe lenkte mich von meinem Schmerz ab. Er war der erste Junge, mit dem ich schlief. Einige Monate später trennte ich mich übereilt und im Zorn von ihm, da er anfing, sich mit einem anderen Mädchen zu treffen. Ich kämpfte darum ihn zurückzugewinnen. Teilweise ging er auf mich ein, dann war er wieder total abweisend, passiv, unschlüssig – und meine Gefühle fuhren Achterbahn.

Während dieser Jahre litten meine schulischen Leistungen entsprechend. Zu Hause verhielt ich mich aufsässig und trotzig, ich hasste diesen Ort und seine Bewohner und lag ständig mit meinen Eltern im Streit. In Gruppen unter Älteren oder Gleichaltrigen fühlte ich mich meistens sehr einsam und unsicher, versuchte dies jedoch mit »action« und coolen Sprüchen zu überspielen. Zwei- bis dreimal die Woche arbeitete ich in einem Schreibwarengeschäft, um mir Geld für ein Mofa zu verdienen. Abends, egal wie gut oder schlecht das Wetter war, holten mich Claudia und zwei Jungs, die für mich einfach gute Kumpel waren, vom Geschäft ab und wir gingen zusammen in eine Imbissstube. Einerseits freute ich mich, andererseits konnte ich diese rein freundschaftliche Geste nur sehr schlecht annehmen und ich hatte Angst, ich könnte diese Sympathie durch irgendeine Unfreundlichkeit oder Ekeligkeit meinerseits verlieren. In der Zeit hielt ich mich auch viel bei Margrit, meiner älteren Schwester auf, die mittlerweile eine eigene Familie hatte und zu der ich jederzeit kommen konnte. In der 10. Klasse waren meine Zensuren so schlecht, dass es Überlegungen gab, mich vom Gymnasium zu nehmen.

Rainer

Mit 15, im Januar 1973, lernte ich in der Innenstadt Rainer kennen. Er hatte ein eigenes, etwas abgelegenes Zimmer bei seiner Tante. Wir waren fast täglich zusammen, am Wochenende blieb ich nicht selten bis um fünf Uhr morgens bei ihm. Gelegentlich waren wir bei seinen Eltern, die mich ganz selbstverständlich in ihren familiären Alltag mit einbezogen. Eines Tages hatte ich mit Claudia eine längere Aussprache. Ich packte alles das vor ihr aus, was ich im Zusammensein mit ihr geschluckt und hingenommen hatte. Es gab so viele Situationen, in denen ich mich gemaßregelt und schikaniert gefühlt hatte, ohne den Mut zu haben, unmittelbar auf ihr Verhalten zu reagieren und ihr eine Grenze zu setzen. Ich bemühte mich, in dem Nun-sag-ich-dir-mal-alles-Gespräch ruhig zu bleiben, doch ich habe Claudia wohl so verletzt und getroffen, dass sie mehr oder weniger sprachlos mein Zimmer verließ. Ich war wie geschockt und fühlte mich total hilflos. Wie schafft man es denn bloß zu sagen, was in einem vorgeht und was man nicht gut findet, ohne Menschen total zu verschrecken? Sie kam nicht wieder und auch ich hatte nicht den Mut, noch einmal nachzufassen. Wir hätten nicht so weiter machen können wie bisher, doch keiner von uns war in der Lage, diese Krise, die auch eine Chance gewesen wäre, zukünftig ehrlicher miteinander umzugehen, zu nutzen. Wenn wir uns zufällig trafen, grüßten wir uns nicht mehr und hatten 15 Jahre keinen Kontakt mehr.

Ohne die alten Kumpel und Freunde konzentrierte ich mich nun ganz auf die neue Partnerschaft mit Rainer. Ich wusste, dass ich ihm sehr viel bedeutete und er lernte mich im Laufe der Zeit von allen Seiten – den lieben und ekeligen – kennen, ohne dass dies für ihn ein Anlass gewesen wäre, sich von mir zurückzuziehen. Seine zeitweilige Kälte und Aggressivität waren weniger eine Reaktion auf mich als vielmehr Automatismen, denen er sich selber wie ausgeliefert fühlte und die ihm immer sehr Leid taten, wenn sie abklangen. Er konnte stundenlang ohne Anlass schweigen, plötzlich schroff und fies werden oder stellte mich vor anderen bloß.

In dieser Zeit widmete ich mich wieder mehr der Schule. Ich wollte nun ein gutes Abitur machen. In Tag- und teilweise Nachtschichten versuchte ich die eklatanten Lücken der Mittelstufe nachzuholen. Bereits in der Grundschule hatte ich die Erfahrung gemacht, dass mein Vater mich beachtete und lobte, wenn ich gute Noten nach Hause brachte. Nun erhielt ich wieder seine Bewunderung (ich fühlte mich nicht selten als Vorzeigekind der Familie), während er mir gleichzeitig, meistens dann, wenn er getrunken hatte, Überheblichkeit vorwarf und dass ich mir wohl einbilden würde, etwas »Besseres« zu sein. Mein Vater schmückte sich mit mir, gleichzeitig berührte ich gerade durch meine zunehmenden Erfolge seine eigene Lebenswunde, dass er nicht den Mut gehabt hatte, sich in seinem Beruf als Tischler zum Meister weiterzubilden. Noch viele Jahre danach fühlte ich mich einerseits getrieben, mir durch überdurchschnittliche Leistungen Anerkennung zu holen, andererseits war jeder Erfolg von Scham und Angst vor Ablehnung begleitet. Auf der einen Seite wollte ich meinen Weg gehen und auf der anderen Seite hatte ich Angst, mich von der Familie und später anderen Menschen zu unterscheiden. Lange Zeit habe ich mein »Licht unter den Scheffel« gestellt, um andere nicht zu beschämen, und habe unbewusst Erfolg vermieden.

Nach gut einem Jahr trennte sich Rainer völlig überraschend von mir. Er sagte, er wolle seine Freiheit wiederhaben. Ich lief stunden-

lang wie betäubt durch die dunklen Straßen um mein Elternhaus herum und kämpfte mit starken Selbstmordgedanken. Ich bedauerte sehr, dass ich meine alte Clique vernachlässigt hatte. Diese Erfahrung war mir in späteren Zeiten eine Lehre und ich habe neben einer Partnerschaft immer versucht, soziale Kontakte zu pflegen und aufrechtzuerhalten. Zwei Jahre ging jeder seine Wege. Er schrieb mir gelegentlich eine Karte oder besuchte mich spontan. Über die Schule lernte ich eine neue Clique kennen, von denen einige mir zu meinem 18. Geburtstag eine komplette Fete gemanagt haben. Und wieder dachte ich, ich müsse jetzt erst recht aufpassen und dürfe mich nicht »daneben« benehmen, sonst würden sie sich vielleicht enttäuscht abwenden. So war ich wieder oft sehr angespannt und ängstlich in der Gruppe. Mehr als kurze Sätze von mir zu geben fiel mir sehr schwer, gleichzeitig befürchtete ich, meine mangelnde Teilnahme könnte als Gleichgültigkeit ausgelegt werden und sie verärgern. So zog ich mich, bei aller Sehnsucht nach Gemeinschaft, wieder zurück in mein unstetes, »sicheres« Einzelgängerleben, lernte weiterhin viel und schlief gelegentlich mit jungen Männern, die ich auf meinen wochenendlichen Streifzügen kennen lernte. Für neue Partnerschaften war ich nicht offen, Rainer hatte durch das einjährige, intensive Zusammensein einen zu starken Platz in meinem Herzen eingenommen.

˴ Auch er konnte mich wohl nicht vergessen und so kamen wir wieder zusammen. Doch bei allem Bemühen und Wollen beiderseits blieb es immer schwierig und wir verbrachten praktisch kein Wochenende ohne Streit, Zank und dramatischen Versöhnungsszenen. In kritischen Situationen war ich in einer manchmal panischen Verlustangst gefangen und reagierte oftmals hilflos und zwanghaft. So lösten bestimmte Signale, z. B. die innere oder äußere Distanz und Gleichgültigkeit von Rainer, nicht selten eine mechanische und zwanghafte Reaktion bei mir aus (Angst, Klammern, Vorwürfe, demonstratives Weglaufen und Beziehungsabbruch), die stur zu Ende gebracht werden musste. Immer dann, wenn ich mich von ihm trennen wollte, kämpfte Rainer um mich. Er zeigte mir, wie wichtig ich ihm war, und wie sehr er mich brauchte. Einerseits wünschte ich mir, dass er meine Entscheidung

akzeptierte, andererseits genoss ich diese Aufmerksamkeit und ging im Allgemeinen auf sein Werben wieder ein. Ich hing sehr an seinen Eltern und an der ruhigen »aufgeräumten« Atmosphäre in ihrem Haus. Noch heute besuche ich gelegentlich seine Mutter, die auch Inge heißt, und freue mich über ihre Art, mit der sie mir zeigt, dass sie mich mag.

Seit meiner frühen Jugendzeit hatte ich das Bedürfnis, mich gerade in schwierigen Zeiten an mein Tagebuch zu wenden und Bücher zu lesen, die mir möglichst einen Trost geben konnten. Ich wollte immer begreifen, aus dem Schmerz herauswachsen und sehnte mich nach einer inneren Gelassenheit und einem Sattsein der Seele. In der katholischen Religion, in der ich erzogen worden bin, fand ich nur wenig Halt und Trost. Als Kind und Jugendliche war ich einerseits eingeschüchtert durch die Vorstellung von einem mich stets beobachtenden und strengen Gott, andererseits fühlte ich mich oft allein gelassen und dachte, dass Gott nicht willig oder zu schwach sei, um mir zu helfen.

Ich denke, es gibt einen engen Zusammenhang zwischen der Gesellschaftsform und dem Gottesbild, das der Mensch hat. In unserer patriarchalen Gesellschaftsform wird Gott entweder eine autoritäre und strafende Haltung zugeschrieben oder wir denken, er ist gleichgültig und uninteressiert. Wir haben die Erfahrungen mit unseren strengen oder auch gleichgültigen, oftmals abwesenden Vätern auf Gott übertragen.

Meine katholische Gemeinde hat mir leider keinen starken und liebenden Gott vermittelt. Der Gottesdienst war eine Tortur für mich und total langweilig. Mit 13 Jahren weigerte ich mich, weiterhin den Gottesdienst zu besuchen. Meine Eltern akzeptierten es. Ich ging davon aus, dass ich durch meine Taufe Christin war. Doch dieses Christsein war schal und Angst machend. Mit 17 Jahren las ich einige Male in der Bibel. Ich verstand sie nicht und ihre radikalen Aussagen überforderten mich. Jede einseitige, den Menschen nicht befriedigende Ausrichtung schafft sich ihre Gegenbewegung selber. So legte ich meine Bibel in die hinterste Ecke und wandte mich in meiner Sehnsucht nach Gelassenheit und Ruhe den östlichen Heilswegen zu. Ich beschäftigte mich eine Weile mit der Transzenden-

talen Meditation, war aber viel zu unruhig, um auch nur länger als 10 Minuten zu sitzen und mich auf den Laut »ohm« zu konzentrieren. Das Interesse und die Faszination für die östlichen Heilswege sollten mich noch 20 Jahre begleiten.

Abitur und Studium

Im Frühling 1976 machte ich mein Abitur. Das viele Lernen hatte sich gelohnt und ich hatte mich in der Oberstufe in einigen Fächern stark verbessert. Doch bei den Prüfungen selber war ich vor Prüfungsangst manchmal so blockiert, dass ich oft nur ansatzweise etwas von dem aufs Papier bringen konnte, was ich vorbereitet hatte. Mit 19 Jahren fing ich in Göttingen das Studium der Sozialwissenschaften an. Die Schwester von Rainer studierte dort bereits zwei Jahre und in ihrer Vier-Frauen-WG war ein Zimmer frei geworden, das sie mir gerne geben wollten. Das völlig neue Leben in einer Wohngemeinschaft, die langen, Verlustängste auslösenden Trennungen von Rainer, das Reinfinden in das anonyme und sehr politische Universitätsleben, sowie die stets freie Auswahl im Belegen der einzelnen sozialen Fächer überforderten mich oftmals. Ständige Sprech- und Gruppenängste begleiteten mich. Stets kämpfte ich gegen diese Ängste an, meldete mich in Seminaren, hielt mich viel in der WG-Küche auf und nahm an gruppendynamischen Fetenspielen teil. Um mein schwaches Selbstwertgefühl zu stützen, bediente ich mich wieder der beiden Bereiche, in denen ich mich schon vorher am sichersten gefühlt habe: lernen und gelegentlich mit Männern Kontakt aufnehmen. Mein Bedürfnis, mit Rainer zu schlafen, war im Allgemeinen größer als seins, und er empfahl mir nicht nur einmal, doch ruhig auch mit anderen Männern zusammen zu sein, was ich dann irgendwann auch tat. Ich glaube, für Außenstehende wirkte ich eher stark und zielstrebig. Ich hätte auch viel zu viel Angst gehabt, meine innere Not zu artikulieren. Ich war es nicht gewohnt, mir bei Sorgen oder ganz normalen Alltagsentscheidungen Rat zu holen.

Zusammenbruch

Im November 1977 brach diese äußerliche Fassade für fünf Tage total zusammen. In meine für mich schwierige Lebenssituation hinein waren erneute Freiheitsäußerungen von Rainer wie der berühmte »letzte Tropfen«, der meine ganze innere Labilität und Angst vor Ablehnung freilegte. Ich habe am ganzen Körper gezittert und konnte mich nicht mehr selber ernähren. Tiefe Schamgefühle über diese »Peinlichkeit« erfassten mich. Ich spürte einen sehr starken seelischen Schmerz, den ich nur ertrug, wenn ich – wie ein Tiger im Käfig – ständig in Bewegung war. Eine Studienkollegin schlug mir vor, das Klinikum aufzusuchen, welches ich direkt von meinem Fenster aus sehen konnte. Es war mir bis dahin nicht in den Sinn gekommen, zum Arzt zu gehen oder mir Tabletten zu besorgen. Der zuständige Psychiater überwies mich sogleich an Brigitte P., eine Therapeutin, die mir über zwei Jahre sehr viel Zuwendung und Aufmerksamkeit schenkte. Ich konnte es am Anfang gar nicht fassen: diese Stunde gehörte nur mir.

Neben vielen schönen Momenten im Studium überwogen die schwierigen und krisenhaften Zeiten, die mich bis zum Examen zunehmend erschöpft und unsicher gemacht haben:

Mit 21, im Sommer 1979, lernte ich Daniel kennen. Einige Wochen später kam Rainer von einem dreimonatigen Urlaub im Ausland zurück. Hier war ihm nun gänzlich bewusst geworden, wie wichtig ich ihm war und er wollte mich gerne heiraten. Doch nach sechs Jahren schmerzhaften Nähe-Distanz-Spielen mit zahllosen Trennungen und Versöhnungen hatte ich nicht mehr den Mut, sein Angebot wahrzunehmen. Wäre ich zu dem Zeitpunkt alleine gewesen, was für mich noch viele Jahre danach immer mit Angst und Schrecken verbunden war, wäre ich seinem erneuten Werben wohl nachgekommen. So entschied ich mich für die neue Partnerschaft. Nun, als Rainer wusste, dass er mich wohl gänzlich verloren hatte, litt er sehr. Er war sehr eifersüchtig, was er vorher zu meinem Bedauern nie war, und hatte einige Zeit Mordgedanken gegenüber Daniel. Als dieser sich bereits nach drei Monaten von mir trennte, war ich sehr geschockt und getroffen. Noch lange Zeit bestand weiter eine überwiegend intime Beziehung, in der ich völlig auf ihn fixiert war.

Sehnsucht nach einer besseren Welt

Zu dieser Zeit begann ich mich neben meinem Studium mit Büchern über den alternativen Lebensstil zu beschäftigen. Psychologische und emanzipatorische Literatur über die gesellschaftliche Stellung und Selbstbefreiung der Frau interessierten mich. Ich las viele Bücher über Frauen, die sich aus Ängsten und Zwängen befreit hatten und selbstbewusst und unabhängig geworden waren. So emanzipiert wollte ich auch sein. Und ich wollte mit persönlichem Einsatz und Willenskraft die Gesellschaft mit verändern: so habe ich mich im Studium ganz auf die Erforschung und Entwicklung alternativer Wohn- und Verkehrskonzepte konzentriert, die ich in einer späteren beruflichen Tätigkeit umsetzen wollte. Einige Zeit war ich in einer Bürgerinitiative zur Förderung des Fahrradverkehrs aktiv tätig, fühlte mich jedoch durch meine Gruppenängste bei den wöchentlichen Zusammenkünften sehr gehemmt und überfordert. Ich nahm an zahlreichen Demonstrationen gegen die Ausbreitung des Autoverkehrs, die mangelnde Nutzung leer stehenden Göttinger Wohnraums, gegen die zunehmende atomare Aufrüstung und den Ausbau von Atomkraftwerken teil. Des Weiteren wandte ich mich intensiv der zen-buddhistischen Lehre zu, um dort Distanz von Daniel und Ruhe für mein aufgewühltes Seelenleben zu finden. Zeitweise gaben mir die neue und interessante Lehre, die praktischen Zen-Meditationen, sowie der eher asketische und ernährungsbewusste Lebensstil Ruhe und Orientierung.

Im Sommer 1980 wurde ich von einem guten, platonischen Freund, mit dem ich einmal geschlafen hatte, schwanger. Da ich vom Oktober 1980 bis April 1982 in Prüfungen stecken würde und ich nicht den Mut gehabt hätte, andere bei der Kinderbetreuung um Hilfe zu bitten, entschied ich mich nach nur wenigen Tagen gegen das Kind. Schon vorher hatte ich von ähnlichen Entscheidungsprozessen gehört und solch ein Schritt war gar nicht so ungewöhnlich. Gehörte der Bauch nicht uns? Konnten wir nicht darüber bestimmen? Außerdem war das in mir doch ein Zellklumpen und kein Mensch, oder?

Thorsten und Examen

Im Oktober 1980 lernte ich Thorsten kennen, der auch sehr offen war für den Buddhismus, Radtouren, gesundes Essen, gute Gespräche etc. Es fiel mir sehr schwer, überhaupt wieder eine Partnerschaft einzugehen, doch mit der Zeit lösten sich meine Bedenken und im März 1981 hatten wir in meinen Augen eine gute Grundlage geschaffen, damit ich mich ganz auf die näher rückenden Prüfungstermine konzentrieren konnte.

Im April 1981, einige Wochen vor Abgabe der Diplomarbeit, fuhr ich in meine Heimatstadt, um dort in Ruhe die Arbeit zu Ende zu schreiben. Doch Telefonate mit Thorsten beunruhigten mich. Er war sehr ausweichend. Sehr aufgelöst fuhr ich nach Göttingen, wo er unsere Partnerschaft mit der einfachen Begründung »Wir passen einfach nicht zusammen« beendete, obwohl er sie ebenso sehr mit aufgebaut hatte. Wieder war dieser wahnsinnige Schmerz da, den ich bereits im November 1977 gehabt hatte. Ich überlegte, ob ich die Diplomarbeit für einige Monate verschieben sollte. Doch jetzt wollte ich mich erst recht beweisen und mein angeschlagenes Selbstbewusstsein über eine gute Leistung zurechtrücken. Ich schrieb Tag und Nacht, nahm Unmengen von Tabletten und magerte auf 48 kg ab. Nach der Abgabe, im Mai 1981, hatte ich einen Nervenzusammenbruch und erst jetzt kamen die Gefühle über den Verlust mit ganzer Wucht an die Oberfläche. Leider war ich kaum in der Lage, zornig auf Thorsten zu sein (dieser heilmachende Zorn kam erst viel später). Überkritisch und selbstanklagend fragte ich mich immer wieder, warum er gegangen war und ob ich die Trennung irgendwie hätte verhindern können. Wie gern wäre ich in dieser Zeit einer eher körperlichen Arbeit mit normalen Arbeitszeiten nachgegangen. Doch vor mir lag ein Jahr mit elf schriftlichen und mündlichen Prüfungen, für die ich fast jeden Tag die Disziplin aufbringen musste zu lernen. Freundschaften litten unter dieser Zeit und meiner Verfassung. Zunehmend zog ich mich von Menschen zurück, einsam eingesponnen in einem Examenskokon und meinem Schmerz über den Verlust von Thorsten.

Sehnsucht nach Gelassenheit und Gutes tun

Im Sommer 1981 meldete ich mich für ein buddhistisches Sommer-camp in Südfrankreich an. Sie kündigten ihre »Spirituellen Ferien« mit folgendem Text an, dem sie eine nachvollziehbare Kritik über unsere moderne, sehr egoistisch lebende Gesellschaft vorangestellt hatten:

> *»Das einzige Heilmittel ist in jedem von uns, in unserem tie-fen spirituellen Wesen, das durch die Übung der Erweckung verwirklicht werden kann, denn diese Erweckung gibt dem Menschen seine wirkliche Größe wieder und stellt in seinem Körper und in seinem Geist das verlorene Gleichgewicht, die Ursache allen Übels, wieder her ... Sublimierung der Wün-sche und Umwandlung des Egoismus in Altruismus ... Alle diejenigen, die dieses Gleichgewicht finden wollen, die zu ihrer wahren menschlichen Größe zurückkehren wollen, alle, die wahrhafte Erzieher, wahre Therapeuten sein wollen und alle, die den anderen helfen wollen, bitten wir zu kom-men.«*

Als moderne, auch politisch engagierte Frau wollte ich natürlich gerne ein besserer Mensch werden, um damit zu einer besseren Ge-sellschaft beitragen zu können. Es ergab Sinn, dieses Ideal anzu-streben. Doch bereits auf dem Sommercamp machten mir unru-hige, teilweise gewalttätige und blutrünstige Träume und Gedanken zunehmend Angst. Ich konnte sie auch mit niemandem richtig besprechen und verarbeiten. Ich fand die ganze Zen-Atmos-phäre eher kühl, männlich und wenig gemeinschaftlich. In dem Sommercamp lernte ich Thomas aus Berlin kennen. Er studierte Japanologie und war bekennender Buddhist. Er ging sehr ernsthaft und leidenschaftlich in seiner buddhistischen Weltanschauung auf, und er wirkte gerade in seiner menschlichen Unabhängigkeit und Konsequenz einer »Sache« gegenüber ungeheuer faszinierend auf mich. Wo ich mir fast jede Minute darüber Gedanken machte, wie ich auf Menschen wirkte, so schienen diese Gedanken für ihn kaum eine Bedeutung zu haben, bzw. seine Weltauffassung ver-langte ja, dass er tiefere Bindungen und Gefühle für Menschen mied. So wechselten unsere Begegnungen gut ein Jahr lang zwi-

schen heiß und kalt; er wandte sich mir zu und konnte einen kurzen Moment später völlig unnahbar und kühl sein, was mich völlig verwirrte und mein ohnehin starkes Minderwertigkeitsgefühl verstärkte.

Wieder zu Hause meditierte ich eine halbe Stunde täglich, vergrub mich intensiv in die buddhistischen Schriften und versuchte, meine Gefühle und Bedürfnisse zu kontrollieren und materiell bescheiden zu sein. Egoistische Impulse wurden als unbuddhistisch abgetan und waren durch das Lernen des neuen Denkens und durch meditative Anstrengungen zu überwinden. So wurde unser Inneres oft mit einem reinen Spiegel verglichen, denn es galt durch regelmäßige Sitzübungen von seinem Schmutz – unsere falschen Gedanken und Bedürfnisse – blank zu putzen. Mich begeisterte diese Vorstellung, war ich doch so oft Gefangene meiner Handlungs- und Gefühlsimpulse. Doch ich fühlte mich gemessen an dem Anspruch der Lehre zunehmend unzulänglich, unfähig und undiszipliniert. Und in Krisensituationen gab mir die buddhistische Lehre keinen Trost. Bei dem zunehmenden Examensdruck brachten mir die Übungen keine Ruhe mehr, im Gegenteil, ich hatte den Eindruck, dass sie meine Prüfungsängste verstärkten. Einige Wochen versuchte ich, mithilfe des Autogenen Trainings ruhiger und gelassener zu werden. Doch auch bei dieser Methode schlichen sich bald Unruhe und Unzufriedenheit ein.

Im Frühling 1982 setzte ich die buddhistischen Meditationsübungen endgültig ab. Einerseits befreit von der Disziplin der täglichen Übungen blieb gleichzeitig ein Gefühl von Versagen, dass ich gerade in dieser Krisenzeit, die doch eine große Chance zum spirituellen Durchbruch gewesen wäre, meine »Kraftquelle« aufgab. Auch wenn ich mich aktiv nicht weiter mit dem Buddhismus beschäftigte, so prägten die hoch gesteckten Ziele und Ideale der buddhistischen Lehre noch lange Zeit meine Lebenseinstellungen. So bejahte ich weiterhin den theoretischen Anspruch, gleichzeitig begann mir durch mein persönliches Scheitern, die Kluft zwischen dem idealen Anspruch einer Lehre und dem Unvermögen des Menschen, diesen aus eigener Kraft zu erfüllen, allmäh-

lich bewusst zu werden. Doch von einer gesunden Kapitulation in die Begrenztheit meiner menschlichen Möglichkeiten war ich noch weit entfernt. Zunächst überwog das dumpfe Empfinden von persönlichem Versagen. Ebenso erging es mir bei meinen politischen Bemühungen. Auch hier gab es die durch Hoffnung und Willensstärke zu hoch geschraubten Ziele, bei denen die persönliche Umsetzung in den eigenen Augen immer unbefriedigend und unzulänglich blieb.

Auch wenn man sich selbst zu trösten versucht, dass der Mut zum politischen Einsatz bei Menschen halt unterschiedlich ist und dass man ja sein Bestes gibt, so bleiben unterschwellig Versagergefühle zurück, die das Selbstwertgefühl belasten. In einer Situation zu versagen bzw. zu scheitern ist zutiefst menschlich und zeigt uns unsere menschliche Begrenztheit auf, doch lähmende Versagergefühle weisen hin auf einen hohen Leistungsanspruch und Allmachtsfantasien, Gott spielen zu können. Die Kluft von Gutes-tun-Wollen und Nichtvermögen vertieft sich und macht einen zunehmend unglücklich und resigniert. So bin ich Mittäterin und Opfer einer Zeit, in der wir meinen, mit Klugheit die Neue Welt gestalten zu können. Wir geben uns freundlich und tolerant und merken gar nicht, wie unser Denken automatisch Feindbilder aufbaut, die uns zunehmend überheblicher, schroffer und auch einsamer werden lassen: Männer sind gewalttätig, Männer können nicht lieben, der Bildzeitungsleser reflektiert nicht genug unsere Gesellschaft (doch der Arme kann ja nichts dafür, dass er von den Medien für dumm gehalten wird; er hat ja auch keine Zeit dazu) etc. Ich war ein gehorsames Kind einer aufgeklärten Zeit, die seit Kant und Schiller Gott hinter sich gelassen hatte und mit Vernunft und Willensstärke das Paradies auf Erden aufbauen wollte. Seit meiner Schulzeit waren mir diese humanistischen und aufklärerischen Werte vermittelt worden. Wir mussten den kategorischen Imperativ von Kant auswendig lernen und ich habe ihn zur Lebensmaxime erhoben. So habe ich die Vernunft wie einen Gott angebetet und die

Einsamkeit auf der Reise zu dem neuen Paradies war, so glaubte ich, der notwendige Preis.[5]

Rückkehr nach O., Depressionen

Kurz vor der letzten Examensprüfung, im April 1982, starb mein Vater, mit dem ich mich wenig emotional verbunden gefühlt hatte. Ich hatte seit meiner Pubertät in unzähligen Gesprächen und Streitigkeiten versucht, ihn davon zu überzeugen, dass er mit dem Trinken aufhören könne, wenn er es nur wolle. Mit 21 hatte ich diesen Kampf ergebnislos und resigniert aufgegeben. Ich verachtete ihn tief im Herzen wegen dieser Schwäche, genauso wie ich mich mit meiner Sucht nach Männern und der Unfähigkeit, allein zu sein, ablehnte.

Nach dem Examen im Mai 1982, mit deren Endnote befriedigend (2,6) ich lange unzufrieden war, kehrte ich wieder in meinen Heimatort zurück. Ich war völlig ausgebrannt und Erschöpfungs- und Lähmungszustände beeinträchtigten mich derart, dass ich für mehrere Monate kaum ein Bein vor das andere setzen konnte. Ich litt sehr unter dieser motorischen Einschränkung, da es mir immer viel Spaß gemacht hatte, mich zu bewegen und zu tanzen. Gerade in schwierigen Zeiten war Sport und Tanz ein entspannendes Ventil für mich. Fast täglich kämpfte ich mit drückenden Kopfverspannungen und mit der mir sehr vertrauten Todessehnsucht. Zum ersten Mal in meinem Leben hatte ich keinen beruflichen Status mehr. Erst war ich Schülerin, dann Studentin, nun arbeitslose Sozialwissenschaftlerin. War es schon schwierig, als Lernende den Tag zu strukturieren, so fühlte ich mich durch die neue, völlig ungewisse Lebenssituation gänzlich überfordert. Ich war unfähig, meine Tage einzuteilen und scheute mich davor, mich dem Berufsleben und dem Arbeitsmarkt zu stellen, auf dem der Beruf der Soziologin bzw. Sozialwissenschaftlerin mittlerweile kaum noch gefragt war. Konnte ich im Studium noch meine

---

[5] Über das Leben und die Grundgedanken von Immanuel Kant gibt der Artikel von Gottfried Meskemper; Aufklärung im Paradies; in: factum; Nr. 7/8; S.15ff nähere Hinweise.

Gruppenängste kontrollieren (z. B. durch Einzel- statt Gruppenrefe-
rate oder durch Schweigen im Seminar), so ahnte ich, dass dies in den
täglichen Anforderungen einer möglicherweise leitenden und verant-
wortlichen Tätigkeit als Sozialwissenschaftlerin nicht mehr möglich
sein würde. Ich hatte unter schwierigen Bedingungen ein Diplom
gemacht und konnte in keiner Weise stolz darauf sein. Zu tief saß, wie
ich heute weiß, die indirekte Botschaft meines Vaters, dass ich nicht
wirklich erfolgreich sein durfte bzw. wollte, um seine bittere Lebens-
wunde über verpasste Aufstiegschancen zu »schonen«. Im Gegenteil:
ich spielte die Tatsache vor anderen eher runter und ärgerte mich
lange über verpatzte Prüfungssituationen. Diese selbstverurteilende
Art, sich über das Gelungene nicht freuen zu können und die Fehler
überkritisch ins Licht zu zerren, hat mich noch bis vor kurzem in mei-
nem Leben begleitet.

Wiederum tat ich das Gleiche wie zuvor in ähnlichen Situatio-
nen auch: ich forschte nach den Ursachen und las Bücher zu den
Themen Depression und Trauer. Ich schrieb Tagebuch, suchte wie-
derum eine Therapeutin auf und lernte gelegentlich Männer ken-
nen. Bei einigen wusste ich, dass sie z. B. allein aufgrund ihres
sehr jungen Alters kein Partner für mich sein konnten. Also ver-
suchte ich, meine Bedürfnisse nach einer festen Partnerschaft
abzutrennen und nur meine, mich oft sehr bestimmenden, sexuel-
len Bedürfnisse zu befriedigen. Doch was leicht und unkompli-
ziert anfing, endete fast immer in emotionaler Verwirrung und
Schmerz für mich oder für den Anderen. Auch in späteren Single-
phasen hat der Versuch, körperliche Bedürfnisse von denen nach
Beständigkeit und fester Bindung zu trennen, oftmals Leid und
Abhängigkeit auf der einen oder anderen Seite mit sich gebracht.
Weiterhin versuchte ich nun, soweit es meine Kräfte zuließen,
Arbeit zu finden.

Ich wohnte zunächst wieder bei meiner Mutter, zum einen aus
finanziellen Gründen (zum Sozialamt zu gehen, war mir lange Zeit
nicht eingefallen), aber wohl auch in der Hoffnung, nach dem Tod
meines Vaters die Zuneigung von ihr zu bekommen, nach der ich
mich immer gesehnt hatte. Ich musste schmerzhaft erkennen, dass
sich diese Vorstellung nicht erfüllte. Meine Mutter war sicherlich

auch, ohne dass sie es direkt aussprach, vollkommen überfordert mit meinem depressiven Zustand, den sie aus eigenem Erleben nicht kannte. So brach meine jahrelange Hoffnung auf eine liebevolle und freundschaftliche Beziehung zu meiner Mutter langsam in sich zusammen und Trauer, Wut und der Wunsch, keinen Kontakt mehr haben zu können und zu wollen traten für einige Jahre an ihre Stelle.

Jobsuche, Niels und Umzug ins Ruhrgebiet

Eine sozialversicherungspflichtige Tätigkeit, gleich welcher Art, zu finden, war bei der Arbeitsmarktlage und ohne entsprechende Berufsausbildung äußerst schwierig. Ich arbeitete stundenweise in verschiedenen Jobs, wobei ich manchmal schon nach einigen Stunden vollkommen erschöpft war. Im September 1982 verliebte ich mich bei einem für mich kostenlosen Erholungsurlaub auf Baltrum in einen Kunststudenten und zog mit ihm nach Krefeld, auch in der Hoffnung, im Ruhrgebiet eine feste Anstellung zu finden. Er hatte einen großen Bekanntenkreis, sein Studium und viele Interessen. Ich fühlte mich oft sehr einsam und spürte, dass er mit meiner Depression überfordert war. Wir trennten uns nach einigen Monaten. Ich lebte sehr sparsam und lieh mir hin und wieder Geld. Ein Versuch, als Dozentin für Schreibmaschinenkurse zu arbeiten, scheiterte, weil die Firma mit mir unzufrieden war. Sie wollten auch keinen Lohn für die bereits geleisteten Unterrichtsstunden zahlen. Diese Ablehnung war sehr deprimierend für mich und ich fühlte mich als völlige Versagerin im persönlichen und beruflichen Bereich.

Der schwarze Tunnel, der sich im März 1981 mit der Trennung von Thorsten aufgetan hatte, schien kein Ende zu nehmen, im Gegenteil: ich wurde immer einsamer und haltloser. Nicht nur einmal habe ich daran gedacht, einen privaten Kredit aufzunehmen oder in einer Peepshow zu arbeiten, doch Gott, den ich damals noch gar nicht kannte, bewahrte mich vor diesen Wegen. Im Februar 1983 besuchte mich ein guter Bekannter, der mich auf die Möglichkeit aufmerksam machte, zum Sozialamt zu gehen. Sie gaben mir gleich als Vorschuss 300 DM persönlich auf die Hand und übernahmen meine Mietkosten in einer Zweierwohngemeinschaft. Ich war total erleichtert.

Im März 1983 fand ich über das Arbeitsamt Krefeld eine ganztägige Aushilfsstelle als Verkäuferin in einem Kaufhaus in Düsseldorf und im April konnte ich unbefristet und ganztägig als Büroangestellte bei einer indischen Pipelinefirma in Düsseldorf anfangen. Leider brauchte ich nur das selten klingelnde Telefon bedienen und ab und zu einen Brief schreiben. Einerseits froh über die klare Tagesstruktur, fühlte ich mich andererseits total unterfordert und grübelte den ganzen Tag über mein Leben nach. Ich war in Denkzwängen gefangen und konnte nicht mehr abschalten. Bewerbungen mit meinem Diplom wurden ohne Vorstellungsgespräche sofort zurückgeschickt. Ich konnte ja mit meinem Studium keine Berufspraxis nachweisen.

Es war schon absurd: 1983 war ein sehr heißer Sommer, äußerlich fühlte ich mich jung und schön, durch mein gutes Gehalt konnte ich mir schöne Sommerkleider kaufen. Doch gleichzeitig fühlte ich mich total einsam, hatte kaum Kontakt mit Menschen und von morgens bis abends den Wunsch, mir das Leben zu nehmen. Es kommt mir im Nachhinein wie ein Wunder vor, dass ich es geschafft habe, fast jeden Tag zur Arbeit zu gehen. Ich hatte eine starke Sehnsucht nach O., meiner Heimatstadt, aber ich wollte mindestens ein halbes Jahr im Ruhrgebiet bleiben, um die Voraussetzungen für Arbeitslosenunterstützung zu haben.

Norbert und Rückkehr nach O.

In dieser Zeit besuchte mich ein langjähriger Freund, Norbert, den ich aus meiner Heimat kannte. Dieser schätzte mich seit vielen Jahren und ich reagierte bewusst zum ersten Mal auf einen Mann, der zu mir eine Beziehung wollte, bei der ich erst im Laufe des Näherkommens Gefühle entwickelt habe. Brigitte, die Therapeutin während meiner Studienzeit, hatte mir empfohlen, Männern, die etwas von mir wollten, nicht gleich als uninteressant abzutun. Im Allgemeinen hatte ich eine aktive Wahl getroffen, bei dem ich vor allem den Reiz des Eroberns liebte. Dank meiner Schwester Margrit fand ich im Oktober 1983 in meiner Heimat eine neue, stun-

denweise Stelle als Büroangestellte. Dort suchten Norbert und ich uns eine gemeinsame Wohnung. Er hatte gerade eine neue Stelle angetreten und ging selbstbewusst und zielgerichtet an den Aufbau seiner Karriere heran. Mit meiner Depression und Dünnhäutigkeit versuchte er liebevoll und aufmunternd umzugehen, fühlte sich jedoch oftmals sicher überfordert oder genervt davon. Missstimmungen traten auf, offenes Reden über die Enttäuschungen, ja sogar heilsames Streiten war leider von beiden Seiten nicht möglich.

Im Dezember 1983 bin ich zum zweiten Mal schwanger geworden und hätte das Kind auch gerne trotz unserer Spannungen in der neuen Lebens- und Wohnsituation ausgetragen. Doch die permanente Ablehnung Norberts dem Kind gegenüber (»es ist nicht der richtige Zeitpunkt«), meine Angst mit dem Kind allein zu sein und nichts mehr mit meinem Studienabschluss aufbauen zu können, ließ mich eine der größten Fehlentscheidungen meines Lebens treffen. Wir gingen gemeinsam zur Schwangerschaftskonfliktberatung. Die Betreuerin machte deutlich, dass ein Kind keine Beziehung kitten könne. Über diesen Punkt solle ich mir keine Illusionen machen. Eingehüllt in einen Nebel voller Konfliktschmerzen, nahm ich nur bruchstückhaft ihre Gedanken auf. Sachlich zeigte sie die Schwierigkeiten unserer und meiner Situation auf, mit der sie ja auch Recht hatte. Norbert und sie bestätigten quasi all die Befürchtungen und Gedanken meinerseits, dass der Zeitpunkt für ein Kind nicht richtig war. Heute denke ich, dass es sehr wichtig ist, gerade den gedanklichen Teil bei der schwangeren Frau zu stärken, der darauf baut und hofft, dass es mit dem Kind irgendwie gut geht. Hier sollte Mut gemacht und praktische Hilfe angeboten werden. Auch die schlimmste Befürchtung, nämlich mit dem Kind allein gelassen zu werden, sollte offen durchgespielt und über konkrete Hilfsmöglichkeiten nachgedacht werden. Ich fällte in dem Gespräch eine Entscheidung gegen das Kind und war zunächst ungeheuer erleichtert, dass die wochenlange Entscheidungsqual ein Ende nahm und dass wir ja quasi durch das Kind so schnell zu einer Partnertherapie gekommen waren, die die Betreuerin uns anbot. Vielleicht wurde nun alles gut und wir konnten uns später ja noch bewusst für ein Kind entscheiden. So fuhren wir zu Pro Familia in

Bremen, um die Abtreibung vornehmen zu lassen. Bis zum Schluss habe ich mit meiner Entscheidung gehadert. Ich bereute den Eingriff sofort und habe über zehn Jahre unter dieser Entscheidung gelitten, vor allem unter Schuldgefühlen. Noch heute ist das Thema nicht für mich abgeschlossen, zumal ich mit 41 Jahren den schmerzhaften Gedanken zulassen muss, dass ich wohl keine Kinder mehr haben werde. Gott ist dabei, diese Wunde zu heilen, auch gerade dadurch, dass er mir hilft, mich dem aktiv zu stellen. Ich durfte seine Vergebung erfahren und bin gespannt, wie er die Dinge zum Guten wenden wird.

Nach der Abtreibung ging es mir so schlecht, dass ich die körperliche Nähe meines Freundes nicht ertrug und ich ihn bat, für eine Weile zu seinen Eltern zu ziehen.

Tagebucheintragung vom 2. Februar 1984
Ich bin müde, unbeschreiblich müde. Das Schreiben fällt so schwer, kreativ sein, aufraffen, wie anstrengend das alles ist. Schaffe es nicht, den Schmerz über N.s Ablehnung, der unbefriedigenden Arbeit und der Trauer über mein zweites verlorenes Kind eine neue Trotz-alledem-Energie entgegenzusetzen. Möchte mich betrinken, Tabletten nehmen, schlafen, den ganzen Tag weinen und Norbert pausenlos ins Gesicht schlagen. Meine Wut, meine Enttäuschung ist grenzenlos ... aber ach, ich lebe, liebe und lache doch so gern ... 1000 Kleinigkeiten stören ihn an mir, wie er sagt. Lächerliche Kleinigkeiten. Haushaltssachen. Der Wunsch nach Rache ist so groß ... ich bin nicht in der Lage weiterzuschreiben. Ich bin müde, angetrunken. Am schönsten ist der Schlaf. Norbert sagt, dass er es schätzt, dass ich noch an die Beziehung glaube, noch nicht aufgegeben habe. Bleibt nur die Frage, wie lange ich noch gewillt bin – oder in der Lage – diesem negativen Kleinlichkeitsdenken etwas Positives entgegenzusetzen?

Bei den von mir anfangs so sehr begrüßten Paargesprächen erschien er regelmäßig. Doch sein mangelndes Kämpfen um die

Beziehung, ja allein seine körperliche Nähe waren unerträglich für mich. Durch mein mangelndes Selbstwertgefühl und die Angst, verlassen zu werden, hatte ich nicht mal im Ansatz die Gelassenheit, geschweige denn Hoffnung, dass sich die am Anfang einer Partnerschaft völlig normale Zeit der Enttäuschung vom Anderen zum Positiven verändern könnte. Ich konnte mir nicht vorstellen, dass die Enttäuschung und Desillusionierung Norberts über mich nicht irgendwann in eine Trennung seinerseits münden würde; so war seine zurückhaltende Art, mit unserer Krise umzugehen, sehr enttäuschend und vor allem bedrohlich für mich. Die jahrelange Kette von Beziehungen und die Arbeits- und Perspektivlosigkeit hatten mich zusätzlich total verwundbar und kraftlos gemacht. So handelte ich, um dem zuvorzukommen, was in meiner Fantasie sowieso eines Tages geschehen würde: dass ich abgelehnt werde, und das galt es zu vermeiden. Im März ließ ich ihm über unsere Therapeutin einen Abschiedsbrief zukommen, den er akzeptierte. Noch lange Zeit danach wünschte ich mir, er würde einfach auf der Matte stehen und um mich kämpfen. Wollte ich das nicht auch in gewisser Weise mit meiner Trennungsaktion auslösen: dass seine dumpfe Mauer endlich einbrach und er Gefühle, Betroffenheit zeigte? Doch er tat es nicht. Auch einen erneuten Brief meinerseits beantwortete er nicht mehr.

Tiefpunkt

Mit 26 befand ich mich emotional am tiefsten Punkt meines Lebens. Nun war für mich alles zusammengebrochen: partnerschaftlich und beruflich (die Arbeit in dem Steuerbüro hatte ich mit der Aussicht auf eine eventuelle Lehre als Steuerfachgehilfin angefangen. Diese Hoffnung hatte sich zerschlagen). Hinzu kam der völlige Rückzug meinerseits von meiner Familie, von der ich mir mehr Interesse an mir erhofft hatte, als sie bereit oder in der Lage waren, zu geben. Ich war unsicher bei jedem Menschen und fühlte mich total einsam. Zu diesem Zeitpunkt habe ich zum ersten Mal meine ständige Todessehnsucht so weit umgesetzt, dass ich 100 Schlaftabletten gekauft und demonstrativ vor mir aufgestellt habe. Ein Gespräch mit der Telefonseelsorge und ein Telefonat mit mei-

*ner damaligen Therapeutin, bei der ich gelegentlich Termine hatte,
halfen mir über diesen schlimmsten Moment in meinem Leben hinweg. Ich war tatsächlich davon überzeugt, dass ich so etwas wie die
Pest haben müsste, da ja offensichtlich kein Arbeitgeber, keine
Freundin, kein Partner, kein Familienmitglied dauerhaft etwas mit
mir zu tun haben wollte. Die Menschen waren anscheinend immer
enttäuscht, wenn sie mich näher kennen lernten. Gerade weil Norbert mich bereits sieben Jahre vorher kannte und schätzte, war
seine Gleichgültigkeit, jetzt wo wir uns doch in seinem Sinne endlich näher kamen, umso schmerzhafter für mich. Mangelnde
Wärme und Wertschätzung hatten schon früh eine tiefe Minderwertigkeitswunde geschlagen und genau diese Wunde, die so
sehnsüchtig auf Nahrung und Zuwendung wartete, machte es mir
so schwer, gute und stabile Beziehungen aufzubauen und Krisensituationen auszuhalten. Mit jeder privat oder beruflich gebrochenen Beziehung vertiefte sich die Wunde und die
Hoffnungslosigkeit, dass sich jemals etwas ändern könnte. Da ich
jede Beziehung zur Kirche und zu Gott – ich habe beides damals
gleichgesetzt – abgebrochen hatte, hatte ich auch hier keinerlei
Trost.*

*Ich hangelte mich bis zum nächsten Tag durch, oft auch nur bis
zur nächsten Stunde. Vormittags habe ich gearbeitet, war oft alleine
im Büro und konnte meinen Tränen freien Lauf lassen und den Rest
des Tages habe ich Fernsehen geguckt, vermehrt Alkohol getrunken
und viel geschlafen.*

*Auch wenn ich in dieser Zeit eine depressive Finsternis erlebt
habe, die danach nie wieder so stark war, so glaube ich im Nachhinein, dass diese sehr schmerzhafte Zeit erst der Beginn von Einsicht und Kapitulation war.*

Solange wir denken »Ich brauche nur den richtigen Partner
und die richtige Arbeit, dann wird alles gut«, haben wir noch die
Vorstellung, dass wir glücklich werden können, wenn wir uns
nur bemühen. Wenn wir gar mit Selbstmordgedanken reagieren,
haben wir noch das letzte Gefühl von (nur zu verständlichen)
Machtgefühlen inmitten unserer Ohnmacht. Im Zentrum steht
jedoch immer noch unser, wenn auch verzweifeltes Ego. Kapitula-

tion ist ein allmähliches Loslassen des Ego, hin zur Orientierung auf Gottes Macht und Liebe.

Matthias, Beginn der EDV-Weiterbildung, ABM und Ende des dreijährigen Dunkels

Im April 1984, zwei Monate nach meinem Tiefpunkt, las ich in einer Zeitung eine Kontaktanzeige, die mich sehr ansprach. Einerseits wollte ich endlich mal lernen, mich ohne Mann wohl zu fühlen, andererseits dachte ich: Wer weiß, ob du so eine schöne Anzeige noch mal findest. Ich war neugierig und nahm Kontakt auf. Ich habe sehr hoch gepokert, denn das »Unternehmen« hätte im wahrsten Sinne des Wortes mein Todesstoß sein können. Doch diesmal entwickelten sich die Dinge anders. In der nun folgenden Zeit kam ich zum ersten Mal seit Jahren zur Ruhe. Ich konnte langsam aus meinem schwarzen Tunnel, der im März 1981 begonnen hatte, heraustreten.

Als wir uns kennen lernten, ging es Matthias genauso schlecht wie mir. Wir waren aufgrund unseres eigenen Unglücklichseins oftmals eine Überforderung und Zumutung für den Anderen, konnten uns aber auch gerade deswegen gegenseitig verstehen und trösten. Wir suchten uns eine Wohnung und richteten sie mit sehr viel Liebe und Engagement ein. Wir redeten oft und lange über unser vorheriges Leben und in dem stabilen, alltäglichen Miteinander kam mein ganzer Schmerz, meine Schuldgefühle wegen der Abtreibungen, aber auch lange geschluckter Zorn über frühere Zurückweisungen an die Oberfläche.

Im Oktober 1984 begann ich eine EDV-Zusatzausbildung, die mir wieder Berufsperspektiven eröffnete. Matthias kümmerte sich vollständig um den Haushalt und unterstützte mich sehr bei der zeitintensiven Ausbildung. Ich hatte wieder ein berufliches Ziel und eine Aufgabe, was mir sehr gut tat. Im Sommer 1986 trat ich an der Universität in O. eine ABM-Stelle als wissenschaftliche Mitarbeiterin an, bei der ich zu meiner großen Freude die EDV-Zusatzausbildung mit meinem Studium verbinden konnte. Ich genoss es, endlich in einem normalen beruflichen Alltag zu stehen, gleichzeitig machte mir die Genauigkeit im Verfassen von wissenschaft-

lichen Texten große Mühe und, was noch gravierender war, ich war mit den ganztägigen zwischenmenschlichen Herausforderungen oft überfordert, meine Gruppenängste kosteten mich sehr viel Kraft.

In der Beziehung zu Matthias litt ich sehr unter der Tatsache, dass meine erotischen Gefühle bereits im Laufe der ersten Wochen immer weniger wurden. Irgendwann fühlte ich mich als totales Neutrum. Es tat mir weh, ihn immer wieder enttäuschen zu müssen. Was waren denn bloß die Gründe? War es die Tatsache, dass ich mir Kinder wünschte und er sich aus politischen Gründen und weil er auch bereits zwei Kinder hatte während unserer Partnerschaft sterilisieren ließ? Oder gab es da einen Zusammenhang zu den vorherigen Schwangerschaftsabbrüchen? Oder waren es die Hinweise der Paartherapeutin, die wir gemeinsam besuchten, dass ich meinem sehr stark auftretenden Freund zu wenig klare Grenzen setzen konnte und somit mein körperliches »Nein« stellvertretend sprechen musste? Wir experimentierten mit verschiedenen Lösungen, doch es blieb auf meiner Seite das Empfinden von Ohnmacht und Nicht-durchdringen-Können-zu-ihm, wenn ich versuchte, ihm meine Positionen und meine Grenzen deutlich zu machen.

Ein Moment der Geborgenheit

Eines Tages stieß ich auf ein Seminarangebot: »Glaube und Alltag«, das meine frühere Freundin Claudia, mittlerweile Diakonin, in ihrer evangelischen Kirchengemeinde anbot. Ich wollte sie gerne wieder treffen. Als Teenager waren wir enge Freundinnen gewesen und hatten uns mit 15, unfähig über unsere Gefühle und Wünsche zu sprechen, abrupt getrennt. Sie freute sich sehr, mich wieder zu sehen und meinte, sie hätte immer wieder Träume gehabt, in denen ich zurückkehren würde. Ihre Seminarabende waren nach Jahren der Distanz und Rebellion wieder mein erster Kontakt mit der christlichen Lehre. Eines Tages bekam ich einen Text in die Hände, der mich an einigen Stellen stark berührt hat:

»Mensch bin ich durch einen Akt der Annahme. Dass mich Gott als sein unverwechselbares, einmaliges Geschöpf an-

42

nimmt, ist der entscheidende Akt der Menschwerdung ... Ich
habe einen leistungslosen Selbstwert ... Ich bin schon, bevor
ich werde.«⁶

Der leistungsorientierte, sich über Anstrengung definierende
Mensch stand da, in Tränen aufgelöst und für einen kurzen
Moment konnte ich mich selbst annehmen, so wie ich war. Ich
konnte mich loslassen und fühlte mich verbunden mit Gottes
Wärme und Liebe. Dieses befreiende, mir bis dahin völlig unbe-
kannte Gefühl verlor sich wieder im Alltag.

Abschied

Auf der einen Seite genoss ich Matthias Aufmerksamkeit und sein
kontinuierliches Interesse an mir, das ich vorher noch von keinem
Mann so erfahren hatte, doch mein Eindruck, dass er seine Meinung und Handlungsweise oftmals für die richtigere hielt, machte
mich manchmal fast »wahnsinnig«. Er setzte die Maßstäbe und
konnte andere Denk- und Erlebnisweisen schlecht stehen lassen.
Die gut gemeinten Gespräche endeten oft in hitzigen Diskussionen,
nach denen ich mich wie erschlagen und gerädert fühlte. Seine
sachlichen Argumente schienen so logisch und ich kam mir oft
klein und »irgendwie falsch« daneben vor. Ich trennte mich nach
einem langen inneren Konflikt nach drei Jahren im Frühling 1987
von ihm.

Jetzt, gut zehn Jahre später, lerne ich mit Gottes Hilfe meine
Persönlichkeit und meine Identität, die er geschaffen und wunderbar gemacht hat (Ps 139), anzunehmen. Versuche, mich zu etwas
zwingen oder drängen zu wollen, was ich nicht möchte oder
gedanklich nicht teile, fallen heute kaum noch auf fruchtbaren
Boden. Wir können den anderen Menschen nicht ändern, aber wir
können uns von Gott so verändern lassen, dass es uns möglich wird,
in ruhiger Gelassenheit Grenzen zu setzen und mit Männern, die Le-
bensanschauungen und -pläne haben, die sich von den unseren
sehr stark unterscheiden, wohl Freundschaften, aber keine vor-
eiligen Partnerschaften einzugehen. So haben die immer wieder-

---

⁶ Günther Brakelmann; Leistung – frei von Zwang; Quelle unbekannt

kehrenden Gespräche mit Matthias über das Für und Wider von »Kinderkriegen in der heutigen Welt« sehr viel Zeit und Kraft geraubt. Ich fühlte mich oft schuldig und egoistisch mit meinem Wunsch nach Kindern. Heute denke ich, dass wir einfach zu unterschiedliche Wünsche und Lebensvorstellungen in diesem Punkt hatten und dass der Partnerschaft bereits in diesem Punkt die notwendige gemeinsame Basis fehlte.

Eingeständnis der Abhängigkeit

Im Sommer des gleichen Jahres verliebte ich mich im Urlaub wieder in einen eher verschlossenen und distanzierten Mann, der 500 km von mir entfernt wohnte. Bei ihm erlebte ich nach langer Zeit der Frigidität wieder Gefühle, nach denen ich mich so sehr gesehnt hatte. Ich spürte jedoch schnell, dass es wieder das alte Nähe-Distanz-Muster war, in dem ich zunehmend abhängig und unglücklich wurde. Die körperliche Anziehung hatte uns zusammengeführt, sie blieb auch im Mittelpunkt bei unseren gelegentlichen Treffen.

Einmal, als wir zusammen geschlafen hatten, befürchteten wir, dass das Kondom gerissen sei. Wir versuchten sofort mit einer Ärztin Kontakt aufzunehmen, die an dem Wochenende Dienst hatte, um die »Pille danach« zu besorgen. Ich sprach mit ihr in einer öffentlichen Telefonzelle. Sie sagte mir, dass mir bewusst sein müsse, dass dieser Vorgang praktisch eine Abtreibung wäre. Ich setzte mich wieder in mein Auto, wo R. auf mich gewartet hatte. Das Wort »Abtreibung« klang in mir nach. Plötzlich erfasste mich eine tiefe Ruhe und Klarheit. Ich fuhr an die Straßenseite, stellte den Motor ab und sagte ganz klar zu R.: »Egal, wie du dich dazu stellst. Sollte ich schwanger sein, werde ich das Kind austragen.« Er nahm dies wortlos zur Kenntnis.

Norwood und Beginn der Selbsthilfegruppe »Wenn Frauen zu sehr lieben«

Im Herbst 1987 beendete er die beginnende Partnerschaft. Obwohl ich bereits selber aufgrund der großen räumlichen Entfernung mit ähnlichen Gedanken gespielt hatte, war ich sehr niedergeschlagen. Ich hatte keine Hoffnung mehr auf eine gelingende Partnerschaft.

Bei einem Kurzurlaub bei meiner Schwester Monika stieß ich ein zweites Mal auf das Buch von R. Norwood: »Wenn Frauen zu sehr lieben«. Dieses Mal las ich es gründlich durch und fand mich mit meinem Beziehungsmuster darin wieder. Im Oktober 1987 trat ich in eine entsprechende Selbsthilfegruppe ein.

So habe ich von meinem 10. bis zu meinem 30. Lebensjahr immer wieder die Beziehung zu einem Jungen bzw. einem Mann zum Mittelpunkt meines Denkens und Handelns gemacht. Ich habe zwar, parallel dazu, zahlreiche Prüfungen und Ausbildungsabschnitte absolviert, doch der überwiegende Teil meiner Denk- und Gefühlsenergie floss in mögliche, vorhandene oder beendete Partnerschaften. Neben dem ernsten Bemühen, auf eigenen Füßen zu stehen, wiederholte sich der Kreislauf von Nicht-allein-sein-Können, Suchen, Finden, Hoffen, Verlieren und tiefem Schmerz mit Todessehnsucht. Der Wunsch zu sterben hat mich neben meiner zeitweise tiefen Trauer und Einsamkeit immer am meisten erschreckt. Vor einiger Zeit habe ich die Geschichte von den beiden Tauben gelesen, in der ich mein jahrelanges Partnerschaftsverhalten sehr gut wieder entdeckt habe:

»Der Verstärkungsablauf oder das Verstärkungsschema, mit dem Verhalten geformt wird, ist genauso wichtig wie die Art der Verstärkung. Auch dieser Punkt wird durch ein psychologisches Laborexperiment gut veranschaulicht. Die Versuchskandidaten waren diesmal zwei hungrige Tauben. Die erste Taube entdeckte irgendwann, dass sie jedes Mal nach Drücken eines Hebels eine Futtergabe erhielt. Einmal drücken, ein Korn. Das nennt man fortwährende Verstärkung. Eine zweite Taube entdeckte zunächst das Gleiche. Doch dann wurden die Regeln verändert. Statt hundertprozentiger fortwährender Verstärkung erhielt die Taube das Futter nun nur gelegentlich. Manchmal bekam sie ein Korn, manchmal nicht. (Dies ist auch unter dem Begriff ›Spielerplan‹ bekannt und lässt sich bei menschlichen ›Tauben‹ an Spielautomaten gut beobachten.) Um das Suchtverhalten zu testen, wurde plötzlich beiden Tauben jegliches Futter vorenthalten. Taube Nummer 1 hörte nach kurzer Zeit auf, den

Hebel zu betätigen und zeigte keine Anzeichen von Suchtver-
halten. Doch die Taube Nummer 2 betätigte den Hebel wei-
terhin, bis sie umfiel – in der ständigen Hoffnung, nach dem
gewohnten intermittierenden Ablauf doch noch irgendwann
mal ein Korn zu bekommen. Das ist konditioniertes
Suchtverhalten. Die Lektion der beiden Tauben ist überaus
wichtig, denn sie erklärt, warum menschliche ›Tauben‹ an
einer Beziehung festhalten, von der sie schon längst nichts
mehr zu erwarten haben. Ist man der Beziehung ›verfallen‹,
weil die Belohnungen unregelmäßig und dann noch wenig
oder gar nicht vorhersehbar erfolgen, kann man sich unter
Umständen in einer gefährlichen Abhängigkeit von dem Part-
ner befinden.«[7]

Genauso verdoppelt die beziehungssüchtige Frau ihre Anstrengungen, wenn die Zuwendung, die von Anfang an oftmals mager
und unregelmäßig war, noch weniger wird. Die Fixierung nimmt
zu, und mit abnehmendem Selbstwertgefühl – es ist sehr demüti-
gend, sich in dieser Abhängigkeit zu befinden – nimmt die
Unfähigkeit zu auszusteigen. Und wenn die Frau aussteigt, versucht der Partner sie nicht selten mit allen Mitteln zurückzugewinnen. Endlich kommt die sehnsüchtig erwartete Zuwendung. Und der Kreislauf beginnt von vorn, wenn die Frau
kein soziales Umfeld hat, das ihr die Kraft gibt, ganz auszusteigen oder die Beziehung durch konsequente Verhaltensänderung
auf eine andere Basis zu stellen. Oder die Frau trennt sich und
geht nach kurzer Zeit auf ein ähnliches Beziehungsmuster ein.
Jedoch setzt Beziehungssucht nicht immer eine reale Partnerschaft voraus, sie kann auch in der Fixierung auf einen Mann
zum Ausdruck kommen, der von der Frau nur in Fantasien und
Tagträumen begehrt und angehimmelt wird.

---

[7] Harriet Braiker; Giftige Beziehungen – wenn andere uns krank machen; Frankfurt
1993; S. 53

Parallelität zwischen Alkohol- und Beziehungssucht

Robin Norwood hat mir in ihrem Buch »Wenn Frauen zu sehr lieben« eine Erklärung für meinen Beziehungsautomatismus gegeben. Dahin gehend habe ich mich zwar immer nach Nähe gesehnt, aber sehr vieles getan, damit ich diese Nähe nicht erlebte. Um eine gesunde Nähe erleben zu können, hätte ich die Fähigkeit gebraucht, mich als eigenständige Persönlichkeit mit eigenen Gedanken, Gefühlen und Grenzen zu artikulieren. Dies war mir aus Verlustangst jedoch nicht möglich. Ich habe oft versucht, mein mechanisches Muster zu analysieren und dies mit den besten Vorsätzen »in den Griff zu bekommen«. Schuld- und Versagergefühle folgten automatisch, wenn es mir nicht gelang und ich verurteilte mich wegen meiner mangelnden Selbstbeherrschung. Heute weiß ich, dass dieses mit dem Verstand und dem Willen allein nicht gelingen kann. Der Hinweis von Norwood auf die Parallelität des absteigenden Verlaufs der Alkoholsucht mit der Beziehungssucht hat mich tief getroffen und mir deutlich gemacht, dass ich Hilfe brauchte.

Die meisten Frauen, die in unsere Selbsthilfegruppe kamen, haben den untersten Punkt der absteigenden Linie, also das Gefangensein im Teufelskreis der Beziehungssucht, nicht nur einmal, sondern mehrmals durchlaufen. Es gibt keine Partnerschaften ohne Krisen und Probleme, aber ein Leiden, das Körper und Seele zerstören kann, hat mit Liebe nichts mehr zu tun, vor allem nichts mit Eigenliebe.

1.2 Gebundenheit in anderen Beziehungen

In der ersten Zeit ihrer Teilnahme an der Selbsthilfegruppe stand für die Frauen im Allgemeinen ihre Abhängigkeit und ihr Leiden innerhalb ihrer derzeitigen Partnerschaft (oder mehrerer unglücklicher Partnerschaften) im Mittelpunkt. Das beherrschte ihr Denken und Verhalten. Sie hatten jedoch gleichzeitig die Sehnsucht, sich aus den Verstrickungen zu befreien und haben deshalb Hilfe gesucht. Mit der Zeit haben wir alle erkannt, dass die Beziehungssucht in der Partnerschaft nur die Spitze des Eisberges ist. Sie »dient« z. B. auch dazu, vor anderen, ebenso wichtigen Lebensbereichen davonzulaufen.

Je mehr ich mich aus meiner »Männerfixierung« befreite, desto deutlicher wurde mir eine grundlegende Unsicherheit und Angst im Umgang mit Menschen bewusst. Ich versuchte, diese Angst dadurch in den Griff zu bekommen, dass ich gute Antennen für die Bedürfnisse des Anderen entwickelte. Ich widmete ihren Gedanken und Problemen viel Zeit und überlegte, wie ich ihnen helfen könnte. So konnte ich, unter Ausblendung eigener Bedürfnisse, die »Starke« sein und eine gewisse Nähe und Intimität herstellen. Eigene Anfragen, Probleme und innere Konflikte stellte ich solange zurück, bis ich, für den Anderen nicht selten überraschend, verzweifelt darunter zusammenbrach.

Die Sehnsucht, gebraucht zu werden

Diese Neigung, sich überangepasst auf das Wohlwollen anderer zu konzentrieren, ist in der Literatur mit dem Begriff »Co-Abhängigkeit« belegt worden. Ursprünglich ging es dabei um Menschen, die mit allen Mitteln versuchen, einen süchtigen, abhängigen Menschen zu retten. In letzter Zeit wird dieser Begriff allgemein für Menschen verwandt, die – unter Missachtung und Vernachlässigung der eigenen Person – sich gedanklich übermäßig auf andere konzentrieren oder gar fixieren. Sie sind die »guten« Menschen, die oftmals aus einem falsch verstandenen Christentum heraus, überzogen bescheiden und zurückhaltend sind. Sie sind sehr hilfsbereit und treten, im Einsatz für andere, nicht selten stark und selbstbewusst auf. Der Preis für den hohen Anspruch, immer einen »guten Eindruck« machen zu müssen, ist Einsamkeit und Bitterkeit, da man sich in seinem Bemühen oft nicht gesehen fühlt. Unehrlichkeit und maskenhaftes Auftreten sind unbewusste, aber logische Begleiterscheinungen eines Menschen, der nach außen immer gut dastehen und der sich gebraucht und geliebt fühlen möchte. Die Therapeutin Anne Wilson Schaef schreibt über Co-Abhängige:

»Doch wie die meisten der in diesem Bereich Tätigen muss ich gestehen, dass sich ihre Behandlung als weitaus schwieriger erweist als die eines Alkoholikers. Wer co-abhängig und süchtig zugleich ist – und dies ist nicht selten der Fall – und sich in Behandlung begeben hat, empfindet es als sehr viel beschwerlicher, die Co-Abhängigkeit in den Griff zu bekommen als die Sucht. Sie ist eine äußerst heikle und tückische Krankheit, zudem wird sie in unserem Kulturkreis ganz unterschiedlich wahrgenommen. Während Alkoholismus und andere Süchte im öffentlichen Urteil stets schlecht abschneiden, wird die Co-Abhängigkeit eher gefördert. Ein Co-Abhängiger wird kaum ermutigt, sich zu kurieren, da seine Krankheit die Kultur stützt und auf der anderen Seite diese die Krankheit fördert.«[8]

Das Heimtückische an den Krankheiten Beziehungssucht und Co-Abhängigkeit ist die Tatsache, dass beide Krankheiten gesellschaftlich vor allem bei Frauen als normal gelten, ja sogar gutgeheißen werden. Doch das ständige auf Andere-Konzentriert-Sein und ihnen – oft ungefragt – helfen zu wollen, brennt und höhlt uns aus. Wir versuchen zu lieben, ohne selber Quellen der Liebe zu haben.

Melody Beattie, die sich in mehreren Büchern mit ihrer eigenen Alkoholkrankheit und dem Thema Co-Abhängigkeit auseinandergesetzt hat, schreibt über Co-Abhängigkeit:

»Das Wort reagieren ist hier wichtig. Wie immer man sie definiert und in welchem Therapierahmen man sie diagnostiziert und behandelt, Co-Abhängigkeit ist in erster Linie ein Reaktionsvorgang. Co-Abhängige sind reaktiv. Sie reagieren übermäßig. Oder sie reagieren zu schwach. Aber sie handeln selten. Sie reagieren auf Probleme, Schmerz, Leben und Verhalten anderer. Sie reagieren auf eigene Probleme, Schmerzen und Verhaltensweisen.«[9]

---

[8] Anne Wilson-Schaef; Im Zeitalter der Sucht; München 1991; S. 38
[9] Melody Beattie; Die Sucht gebraucht zu werden; München 1990; S. 50

Sie benennt folgende Eigenschaften von Co-Abhängigkeit:

»Sich Sorgen machen, schwaches Selbstwertgefühl, Verdrängung, Besessenheit, Kontrolle, Verleugnung, Abhängigkeit, unzulängliche Kommunikation, schwache Grenzen, Vertrauensmangel, Wut und Sexualprobleme.«[10]

Ich denke, die meisten Frauen sind mehr oder weniger co-abhängig, da wir in unserer Erziehung angehalten werden, einige Teile unseres Menschseins (Ärger, Enttäuschung, Trauer, gesunden Egoismus) auszublenden und andere Teile übermäßig auszubilden (sich anpassen, nett sein, helfen etc.). Aufgrund dieser Erziehung wird uns das natürliche Empfinden für ein gesundes Geben und Nehmen, ein ausgewogenes Helfen und Helfenlassen abtrainiert. Wir lassen uns ausnutzen und sind – solange wir nicht den Schmerz darüber zulassen, wie wenig wir zurückbekommen – noch stolz auf unser Märtyrerdasein. Wir sagen:»Die arme Frau oder der arme Mann hat eben eine schwere Kindheit gehabt, ich darf nicht soviel erwarten und muss ihr oder ihm Zeit lassen.« Dass unsere Kindheit oft genauso schmerzhaft war, verdrängen wir. Ich halte Geduld und liebevolle Zuwendung für äußerst wichtige zwischenmenschliche Fähigkeiten, doch die co-abhängige Frau gibt sich oft übermäßig stark und belastbar. Ihre Bescheidenheit ist nicht natürlich und aus einem Gefühl des Sattseins heraus, sondern ein unbewusstes Mittel, um sich gebraucht und damit liebenswert zu fühlen.

Einseitig stark auf das Helfen und Stützen anderer Personen ausgerichtet zu sein, ist jedoch nicht das ausschließliche Kennzeichen von Co-Abhängigkeit. Darüber hinaus ist allgemein eine zu starke Ausrichtung auf die Anerkennung von Menschen zu beobachten.

Nachdem ich den 3. Schritt im 12-Schritte-Programm der Anonymen Beziehungssüchtigen gemacht hatte, zeigte Gott mir sehr deutlich, wie groß mein Bedürfnis noch war, auf indirektem, manipulierendem Wege die Wertschätzung anderer Menschen zu erlangen. Auch erkannte ich im privaten und beruflichen Bereich

---

[10] ebd.; S. 55-66

krank machende Leistungsideale, die mich zu einem Perfek-
tionismus und einem Einsatz antrieben, dem mein Körper und
meine Seele auf Dauer nicht gewachsen waren. Ich musste erken-
nen, dass andere Menschen mit wesentlich weniger Aufwand – sei
es im zwischenmenschlichen oder im beruflichen Bereich – zu-
friedener und glücklicher waren als ich. Ich war es von klein auf
gewohnt, unter Leistungsdruck und in einem Zustand des Mangels
zu leben, und wusste gar nicht, wie sich Einfachheit und Fülle
anfühlt. Ich musste mir irgendwann eingestehen, dass es in mir eine
Grundunsicherheit gab, die sich in nahezu allen zwischen-
menschlichen Kontakten widerspiegelte und sich zu panischer
Angst verdichten konnte – von anderen kritisiert oder möglicher-
weise abgelehnt zu werden.

Die so genannte Co-Abhängigkeit bezieht sich, wie man zunächst annahm, nicht nur auf denjenigen, der den Süchtigen in
seiner Sucht deckt und schützt. Der co-abhängige Mensch leidet
ebenfalls an einer Sucht und diese macht sich auch nicht nur an
einem süchtigen Partner fest.

> *»Co-Abhängigkeit (oder Kodependenz) ist ebenfalls eine Sucht*
> *und gehorcht den gleichen Kreisläufen, wie das normale*
> *Suchtgeschehen auch. Für einen co-abhängigen Menschen ist*
> *Kontrolle oder fehlende Kontrolle der zentrale Aspekt in jedem*
> *Lebensbereich. Er unternimmt den (hoffnungslosen) Versuch,*
> *durch Kontrolle von Menschen, Ereignissen oder Dingen die*
> *inneren Gefühle in den Griff zu bekommen.«*[11]

Ich denke, der Begriff Co-Abhängigkeit passte zu dem Zeitpunkt, als man entdeckte, dass z. B. die Partner von Alkoholi-
kern, die man zunächst vorrangig behandelt hat, durch ihr Verhalten das Suchtverhalten stützen und dass diese Menschen
ebenso Hilfe brauchen. Ich meine der Begriff Beziehungssucht
passt hier ebenso gut, diesmal bezogen auf die Beziehungen
außerhalb von Partnerschaften. Diese Form der Beziehungssucht bedeutet ein Leben im Gefängnis. Die übermäßige Aus-

---

[11] Friedemann Alsdorf; Thema Sucht; in: eigene Schulungsunterlagen der IGNIS-
Schulung für Laienseelsorger in Hamburg, Okt. 96 – Jan. 98

richtung auf menschliches Wohlwollen macht abhängig, krank und kann, wie die partnerschaftliche Beziehungssucht, zum vorzeitigen Tode (schweren Erkrankungen, Selbstmord) führen.

1.3 Gebundenheit in sich selbst

Viele Frauen verbiegen sich, verkrümmen sich und strengen sich oft übermäßig an, um ihren gesunden Durst nach Geborgenheit und Sicherheit durch Partnerschaft und andere zwischenmenschliche Beziehungen zu stillen. Sie haben dadurch eine Fülle von zwischenmenschlichen Kompetenzen im Umgang mit Menschen erworben, doch Angst und Abhängigkeit ist ein schlechter Nährboden für gesunde Verhaltensweisen.

Die Gegenbewegung – unabhängig sein wollen
Manche Frauen schlagen, wenn sie ihrer Abhängigkeiten und Fixierungen auf andere überdrüssig sind, für eine Weile den Gegenweg ein: sie setzen auf Unabhängigkeit, wollen sich an nichts und niemanden binden und bauen sich durch die Konzentration auf Beruf und Hobbys andere Säulen in ihrem Leben auf, die ihnen Halt und Sicherheit geben sollen. Ich finde diesen Weg verständlich und bin ihn ab meinem 30. Lebensjahr auch eine Zeit lang gegangen, um meine Festlegung auf Menschen zu lockern.

Dieser Weg birgt jedoch gleichzeitig die Gefahr in sich, dass wir uns mit unserer Tendenz zu süchtigem und krankem Verhalten nun auf das Hobby oder die Arbeit stürzen und auf eine krampfige, besessene Art unser tiefes Minderwertigkeitsgefühl durch zu aufwändige Arbeits- und Freizeitprojekte beseitigen wollen, die uns letztlich überfordern. So stellen wir erleichternd fest, dass unsere Fixierung auf andere sich verändert hat, sehen aber zunächst nicht, dass die übermäßige Ausrichtung auf das eigene Ego und auf dingliche Objekte, die einen nicht verletzen können, genauso Fixierung und ungesunde Suchtgedanken mit sich bringen.

In sexueller Hinsicht interessieren sich die »unabhängigen Frauen« oftmals nur für kurze Affären, um sich nicht in krampfigen, wiederum schmerzhaften Beziehungsversuchen zu verlieren. Doch auf Dauer gesehen ist dieser Weg nicht gesund, da er grundlegende Wünsche nach Intimität und Nähe nicht erfüllt.

Es war wirklich ein Problem für mich: auf der einen Seite die Erkenntnis, dass ich mich nicht gleich wieder binden durfte und wollte (ich hätte mir wohl wieder eine mir vertraute, letztlich schmerzhafte Beziehungskonstellation geschaffen), auf der anderen Seite mein sexuelles Verlangen, mit dem ich irgendwie umzugehen versuchte. Ich wollte diese »nur-sexuellen Begegnungen« eigentlich nicht mehr, weil ich bei aller Ungezwungenheit und Unbekümmertheit in früheren Begegnungen die verletzende Versachlichung meiner eigenen Person und die des anderen erfahren hatte. Aber ich wollte mich dabei auch nicht zu einer falschen und übertriebenen Askese zwingen, in der ich ganz auf Sexualität verzichtete. Die Folge war, dass ich längere Zeiträume hatte, in denen ich meinem Verlangen bewusst nicht nachgegeben habe und feststellen durfte, dass es sich wieder von selbst legen kann. Und gelegentlich suchte ich kurzfristige Begegnungen, die ich gefühlsmäßig kontrollieren konnte, was jedoch nicht immer gelang.

Ich bin Gott heute sehr dankbar dafür, dass ich bereits einige Jahre vor meiner Entscheidung für Jesus das Verlangen nach kurzfristigen sexuellen Begegnungen gänzlich verloren habe. Da ich seit 1992 auch keinen Partner mehr habe, ist meine Seele in diesem sehr sensiblen Bereich zunächst einmal richtig zur Ruhe gekommen. Für mich ist Sexualität heute nur noch in der vertrauensvollen Atmosphäre einer festen, ehelichen Bindung denkbar. Ich kann sehr gut verstehen, dass Gott sich in seiner väterlichen Fürsorge diese Regelung gerade für uns Frauen ausgedacht hat. Wenn ich das Vergnügen gegen den persönlichen Preis abwäge, den ich bezahlt habe, so ist Letzterer sicherlich höher gewesen. Es war für mich im Allgemeinen sehr schwierig über eine Trennung, auch wenn sie von mir gewollt war, hinwegzukommen, wenn ich mit dem Mann geschlafen hatte. Außerdem, warum sollte der Mann die Frau heiraten (und ich habe den Eindruck, dass dies der Wunsch vieler Frauen ist), wenn er bereits alles ohne eheliches Versprechen bekommen kann? Dabei geht es nicht um Ausübung von Macht, sondern in erster Linie um den Schutz der eigenen Person, ist also Ausdruck gesunder Scham.

Eine Frau, die versucht, Halt und Geborgenheit durch Unabhängigkeit von anderen Menschen zu finden, stellt sich selbst in den Mittelpunkt. Nun ist sie der Mensch, um den sie kreist. Sie versucht, in sich selbst Kraft und Eigenliebe aufzubauen, um dann nach außen selbstbewusst und souverän auftreten zu können. Zu diesem Aus-sich-selbst-heraus-Leben gehört auch die oftmals starke Fixierung auf psychologische Literatur und psychotherapeutische Fachgespräche, die den modernen Drang nach »Du musst in dir selber Halt finden« unterstützen. Ich denke, dass diese Literatur aus unserer aufgeklärten Zeit nicht mehr wegzudenken ist und dass sie auch viele zwischenmenschliche Prozesse verständlicher macht. Auch Therapien sind oftmals nützlich und sinnvoll und können schmerzhafte Beziehungskonstellationen vermeidbarer machen. Doch es besteht ebenso die große Gefahr, dass wir immer bewusster und wissender werden, aber die ganzen aufgewühlten Erinnerungen und Gefühle nicht wirklich wieder loswerden können. Oder dass wir uns im Dickicht psychologischer Tipps und Ratschläge verlieren und zutiefst verunsichert werden. Ich bin heute davon überzeugt, dass eine Befreiung von ungesunden Abhängigkeiten, gleich welcher Art, schließlich ein geistliches Problem ist und ohne eine wieder hergestellte und gesunde Beziehung zu Gott letztlich nicht zu überwinden ist.

Wie ich bei den ersten beiden Ausdrucksformen der Beziehungssucht, nämlich »Partnersucht« und »Co-Abhängigkeit«, bereits die positiven Aspekte ergänzend erwähnt habe, so möchte ich auch an dieser Stelle betonen, dass das »Sich-selber-an-die-Hand-Nehmen« wichtige zwischenmenschliche Fähigkeiten fördert wie allein sein und sich beschäftigen können sowie unabhängiger und selbstbewusster werden. Diese erworbenen Eigenschaften machen die Frau gelassener und innerlich distanzierter in Situationen, in denen sie früher sofort beziehungssüchtig reagiert hätte.

Ich machte jedoch die Erfahrung, dass in starken Stresssituationen die alten Beziehungsmuster wieder durchzukommen drohten, wenn auch seltener als früher, bzw. dass das neue unabhängige Bewältigungsmuster ebenfalls Extremformen annahm. So wurde aus meinem Hobby Tanzen eine Sucht und ich wollte einen perfekten Körper haben. Auch wollte ich meine Wohnung perfekt gestalten. So verlagerte ich meine Suchtneigung auf Objekte und kontrollierbare Bereiche.

Die Austauschbarkeit der Süchte

Anne Wilson Schaef schreibt hierzu:

> *»Ich komme immer mehr zu der Überzeugung, dass für den zur Sucht neigenden Menschen das ›Objekt‹ im gewissen Umfang austauschbar ist. So ist es denkbar, dass ein Mensch, der z. B. seine Esssucht überwunden hat, seine Suchtneigung – insbesondere in belastenden Lebenssituationen – auf anderen Ebenen zum Ausdruck bringt. Oder dass bei Menschen, die ihre stofflich gebunde Sucht überwunden haben, oftmals eine prozessgebundene Sucht (Beziehungssucht, Arbeitssucht etc.) feststellbar ist, die in den ganzen Jahren, in denen die Gedanken darum kreisen, wie der nächste Stoff zu besorgen ist, nicht bewusst war.«*[12]

Joachim Bambach geht in seinem Artikel »Aufeinander zugehen – Süchtige in der Gemeinde« auf sein Leben als Mehrfachsüchtiger ein[13]. Nachdem er über viele Jahre auf verschiedenen Ebenen Suchterfahrungen gemacht hatte, schenkte Gott ihm folgende Erkenntnis:

---

[12] Anne Wilson Schaef; Im Zeitalter der Sucht; a.a.O
[13] in: Befreiende Wahrheit; Nr. 7; Zeitschrift für Seelsorge und christliche Therapie; Hg.: IGNIS-Akademie für christliche Psychologie; Kitzingen; März 1996

»Dem Ganzen zugrunde liegt schlicht und ergreifend eine Suchtstruktur, die mein ganzes Sein betrifft, meinen Körper, meine Seele und meinen Geist. Ich persönlich denke, dass im Verlauf einer Suchtkarriere, gleich welcher Art, stofflich oder nicht stofflich gebunden, dies die entscheidende Erkenntnis ist, sofern sie zum Bekenntnis wird: Ich bin süchtig, ich habe eine Suchtstruktur, die mein ganzes Sein betrifft und die ich aus eigener Kraft nicht bewältigen kann. Egal womit ich es versuche, egal welche Therapie ich in Angriff nehme, wenn dies in mir nicht entscheidendes Bekenntnis geworden ist, sehe ich wenig Chancen für einen dauerhaften Heilungsprozess. Entscheidend war für mich, dass ich die Existenz Gottes für möglich hielt, die mir helfen könnte, wenn ich ihn darum bitte. Solange ich meine Hoffnung nur auf eigene Möglichkeiten in Verbindung mit humanistischen, sozialen Hilfsangeboten gesetzt hatte, erlebte ich keine durchschlagende Veränderung ... Eine echte Bekehrung zu Jesus Christus durfte ich erleben, nachdem ich bereits mithilfe der 12 Schritte-Progamme von AA (Anonyme Alkoholiker) fünf Jahre trocken und clean war.«[14]

Unsere Suchtstruktur ist die »faule Frucht« eines verwundeten Herzens und ungesunder Lebenseinstellungen. Eine dieser Grundeinstellungen ist die sich selbst überschätzende Vorstellung, gesellschaftliche und persönliche Ideale aus eigener Kraft erreichen zu können. In unserer Gesellschaft war lange das Idealbild von der belastbaren und gleichzeitig bescheidenen Frau prägend, die liebt, pflegt, wieder aufbaut und still erduldet. Insbesondere die bürgerliche Erziehungsform des 19. Jahrhunderts hat die Frau auf eine dienende und liebende Rolle festgeschrieben. Diese starke Fixierung auf eine abhängige untergeordnete Rolle wurde aufgebrochen durch die – ebenso zum Extrem neigende – Ideologie von der emanzipierten und unabhängigen Frau. Ich meine, dies war ein verständlicher, wenn nicht gar notwendiger Schritt für viele Frauen. Doch jedes Ideal und jede Ideo-

---

[14] ebd.: S. 30ff.

logie birgt die Gefahr der Übertreibung und ungesunden Fixierung in sich. Wir können zu Sklaven unserer eigenen Anstrengungen werden, das Ideal erreichen zu »müssen.« Das verständliche Unabhängigkeitsideal »In sich selbst Halt zu finden« ist ein überaus anstrengendes und viele Bedürfnisse abschneidendes Unternehmen, quasi der Versuch der Selbsterlösung aus den Qualen von Männerfixierung und Co-Abhängigkeit, der letztlich jedoch nur in Ansätzen selbstbewusster und damit beziehungsfähiger macht.

Ein neues Ideal zwischen Abhängigkeit und Unabhängigkeit?

In letzter Zeit scheint sich ein neues Ideal aufgebaut zu haben, nämlich das von der weiblichen und warmherzigen und gleichzeitig sehr unabhängigen Frau. Hier verknüpfen sich die geschichtlich nacheinander erstrebten Ideale von der »nur für andere lebenden« und dann der »nur für sich selbst lebenden« Frau. An sich ein lohnenswertes Ziel, doch auch hier besteht wieder die Gefahr der Versklavung an ein idealtypisches Verhalten. Wir versuchen, das Ziel aus eigener Kraft zu erreichen, und leiden nicht selten an unserer menschlichen Unvollkommenheit und Begrenztheit. Ständige Selbstüberprüfungen, ob wir in der jeweiligen Situation auch das richtige, perfekte Maß zwischen Nähe und Distanz, zwischen Bedürftigkeit und Unabhängigkeit gefunden haben, können sich daraus ergeben und gedankliche und emotionale Verkrampfungen und Konflikte mit sich bringen.

Wie kann dann aber die Befreiung aus dem Gefängnis dieser gesellschaftlichen Ideologien und menschlichen Abhängigkeiten gelingen? Wie können wir lernen, aus fremd- und selbstzerstörerischen Automatismen herauszutreten, um uns selbst und den anderen in Liebe begegnen zu können?

Ich denke, die abhängige Frau muss einen Weg finden, nicht immer jemand anderes werden zu müssen, sondern zunächst sie selbst sein zu dürfen mit ihren Stärken und Schwächen, ihren Gefühlen und Einstellungen, ihren Wunden und Träumen, ihren

Möglichkeiten und Begrenzungen. Dabei sagt das innere Ja zu dem, was ist, noch nichts über die Form aus, wie die Frau ihre inneren Prozesse und persönlichen Anliegen nach außen artikuliert. Wir müssen nicht alles, was in uns vorgeht, an andere Menschen herantragen. In der geschützten Begegnung mit Gott kann ich dem Druck meines Herzens Luft machen und meine Gedanken und Gefühle für die anstehenden Begegnungen mit Menschen reinigen und in seinem Sinne bestätigen oder ändern lassen. Die Selbstannahme und Versöhnung mit sich selbst und der eigenen Vergangenheit schafft die Basis für die Weiterentwicklung unserer Liebesfähigkeit anderen gegenüber. Dies gelingt im Allgemeinen jedoch nicht, indem die Frau sich die Selbstannahme wieder als ein Ideal vor Augen stellt, das sie nun selber erreichen will.

Ich möchte im folgenden Kapitel den befreienden Weg von zerstörerischen Beziehungsmustern und Verhaltensidealen näher ausführen, wie ich ihn selber seit einiger Zeit gehe. Das Befreiende ist, dass ich mein quälendes Ideal von einer »liebenden und gleichzeitig unabhängigen Frau« langsam loslassen kann. Weiterhin ist befreiend, dass ich mich zunehmend von Gott so geliebt und angenommen weiß, wie ich zur Zeit bin – mit all meinen Gefühlen und Bedürfnissen, mit allen meinen noch nicht geheilten Wunden, mit all meiner Unzulänglichkeit, mit all meinen Stärken und meinen Schwächen. Daraus entwickelt sich langsam eine Selbstannahme, die sowohl die vergangenen Fehlentscheidungen beinhaltet als auch sogar die Momente der Selbstablehnung und Minderwertigkeitsgefühle liebevoll mit einschließt. Mit Gottes Hilfe gelingt es mir allmählich, alte verinnerlichte Ideale und Gesetze abzubauen bzw. keine neuen aufzubauen (»ich muss schnell lernen, mich und andere zu lieben«). Ich will keiner bestimmten Ideologie mehr nachlaufen, um in ihr Halt zu finden. Ich will die Gesellschaft nicht mehr verbessern, indem ich eine scheinbar ideale Gesellschaftsform erkämpfe und erstreite. Ich kann zunehmend der Versuchung widerstehen, mich zu verrenken, um einem gerade aktuellen Idealbild von »der modernen Frau« zu entsprechen. Das Überraschende und Paradoxe dabei ist, dass ich dabei von Gott Schritt für Schritt genau in die Beziehungs- und Liebesfähigkeit sowie innere Unabhängigkeit geführt werde, nach der ich mich immer gesehnt habe.

2. Teil

Auf dem Weg in die Freiheit

Und Jesus las:
Mit mir ist der Geist des Herrn,
weil er mich berufen hat. Er hat
mich beauftragt, den Armen die frohe
Botschaft zu bringen. *Den Gefangenen*
soll ich die Freiheit verkünden, den
Blinden, dass sie sehen werden, und
den Unterdrückten, dass sie bald von
jeder Gewalt befreit sein sollen.

LUKAS 4, 18

Um Liebe annehmen und Liebe geben zu können, müssen wir
uns aus ungesunden Abhängigkeiten befreien. Dies ist meiner
Erfahrung nach nur möglich, indem wir unser Leben auf eine
neue, von Gott getragene Grundlage stellen. Diese tragende Basis
macht die abhängige Frau allmählich frei von ihrer süchtigen
Menschenzentrierung. In ihrer Sucht ist die Sehnsucht nach Gott
verhüllt, nur dass die an sich gesunde Sehnsucht nach Gott hier
selbstschädigend zum Ausdruck kommt: der Partner, andere
Menschen – oder unsere eigene Person – werden zu einem göttlichen Fetisch, den wir anbeten, weil es ein Grundbedürfnis des
Menschen ist, sich etwas oder jemandem hingeben zu können.

Das 12-Schritte-Programm

In den ersten Monaten unseres Zusammenseins in der Selbsthilfegruppe haben wir uns auf die von R. Norwood im ersten
Buch vorgeschlagenen »10 Schritte zur Genesung« konzentriert.[15] Diese räumen bereits im 4. Schritt »Entwickeln Sie in
täglichen Übungen Ihre Spiritualität« dem Aspekt des Glaubens
und der Hinwendung an eine »höhere Macht« eine entsprechende Bedeutung ein. Für mich, atheistisch und skeptisch wie
ich damals war, eine sanfte und verständliche Wiederannähe-
rung an das Thema Spiritualität. In ihrem Folgebuch »Briefe von
Frauen, die zu sehr lieben« erwähnt sie in Anlehnung an das 12-
Schritte Programm der Anonymen Alkoholiker die 12 Schritte
der Anonymen Beziehungssüchtigen.[16] Die Frauen, die in unsere
Gruppe kamen, standen dem 4. Schritt zur Genesung oder dem
ersten bis dritten Schritt der Anonymen Beziehungssüchtigen
(siehe Einleitung) im Allgemeinen zunächst mit Distanz, wenn
nicht gar mit Abwehr gegenüber. Doch sie haben auch die Erfahrung gemacht, dass die alten Versuche, das unglücklich machende Beziehungsverhalten zu ändern, auf Dauer nicht ge-
fruchtet haben. So sind sie skeptisch, aber auch neugierig und
offen für das Neue.

Während der Arbeit an meinem Buch habe ich immer wieder
über die sehr allgemein gehaltenen Formulierungen des 12-
Schritte-Programms nachgedacht. Auf der einen Seite stellt sich
für mich die Frage, ob ich jemals einer Selbsthilfegruppe beige-
treten wäre, die im 12-Schritte-Programm nicht allgemein von
einem »Gott – so wie wir ihn verstanden« ausgeht, sondern von
vornherein Jesus Christus als Mittler und Weg zu Gott »vorstellt«.
Hätte ich dadurch den Weg zur Spiritualität und letztendlich zu
Jesus Christus gefunden? Auf der anderen Seite habe ich mich
gerade in der Zeit der Selbsthilfegruppe, also fast acht Jahre lang,
noch mal ganz neu und intensiv dem Gedankengut des New Age
geöffnet, welches an die Selbsterlösung des Menschen glaubt.

---

[15] R. Norwood; Wenn Frauen zu sehr lieben; a.a.0; S. 266ff
[16] R.Norwood; Briefe von Frauen, die zu sehr lieben; a.a.0; S. 294-295

Für viele ist das 12-Schritte-Programm wieder eine erste Annäherung an das Thema Gott/Spiritualität und dies allein wäre eine Rechtfertigung für eine allgemeinergehaltene Version. Der Süchtige, ständig um sich selbst drehende Mensch, schaut von sich weg und beginnt außerhalb von sich selbst – Natur, das Gewissen der Gruppe, eine höhere Macht, Gott –, Bezugspunkte zu entdecken. Doch besteht nicht gerade heute durch den allgemein verbreitenden Glauben an die Esoterik und das New Age die Gefahr, dass das an sich wertvolle und ursprünglich christliche[17] 12-Schritte-Programm in einen spirituellen Rahmen gestellt wird, der den »hungernden« Süchtigen letztlich überfordert und schadet?[18]

Joachim Bambach war das 12-Schritte-Programm der Anonymen Alkoholiker aus eigener Erfahrung vertraut und er hat, nachdem er Christ geworden war, den Selbsthilfeverein Addicts for Christ (AC) gegründet.[19] Ich war erfreut, in seiner Version des 12-Schritte-Programms viele meiner eigenen derzeitigen Gedanken und Erfahrungen wieder zu finden.[20] Ich habe die Version des AC ergänzend hinzugefügt (Anlage 1). Das Programm spricht eine klare und unmissverständliche Sprache, indem es Jesus Christus als Vermittler zum Vater benennt. Doch es bleibt die Frage, ob sich der suchende, sich erst an Gott herantastende und dem christli-

---

[17] In den 20er- und 30er-Jahren entstand in den USA die überkonfessionelle Oxford-Gruppe als eine revolutionäre Antwort auf die antireligiöse Reaktion seit dem 1. Weltkrieg. Ihr Ziel war es, den lebendigen Glauben an Jesus Christus wieder in den Kirchen zu entzünden. Bill Wilson, der später mit einigen anderen zusammen das 12-Schritte-Programm entwickelte, war durch einen Freund tief beeindruckt worden. Dieser hatte durch die Treffen und Prinzipien der Oxford-Gruppe zum Glauben gefunden und wurde in der Folge von seinen Alkoholproblemen befreit. Bill Wilson selber erlebte im Krankenhaus, wo er im Moment größter Niedergeschlagenheit nach Gott rief, eine außergewöhnliche Gottesbegegnung. Durch diese Erfahrung bewegt, hörte er für immer auf zu trinken. Mit einigen anderen zusammen entwickelte er das Programm der Anonymen Alkoholiker (AA) und löste sich 1939 von der Oxford-Gruppe, um die eigene Arbeit unabhängiger gestalten zu können. (aus: Helge Seekamp; Endlich leben! Zur Entstehung der 12 Schritte; www.xxy.de)
[18] Näheres dazu in meinem Buch: Sehnsucht nach dem verlorenen Paradies; Erfahrungen mit New Age und Christentum; Holzgerlingen 2001
[19] siehe Fußnoten 13 und 14 sowie im Internet: www.ac-addicts-for-christ.de
[20] Joachim Bambach; a.a.O.; S.34/35

chen Gedankengut sehr skeptisch gegenüberstehende Mensch bei Bekanntgabe des Programms nicht von vornherein abwendet und damit die heilmachende Erfahrung einer Liebesbeziehung zu Jesus Christus nicht macht oder erst sehr viel später macht. Meine Überlegungen zu diesem Thema sind noch nicht abgeschlossen.[21] Im Rahmen meines Buches orientiere ich mich im Wesentlichen an den ersten drei Schritten von Addicts for Christ e.V., welche ich leicht abgewandelt und auf das Thema Beziehungssucht zugeschnitten habe (Anlage 2).

2.1 Eingeständnis der Abhängigkeit

Wir gaben zu, dass wir einer oder mehreren Beziehung(en) gegenüber abhängig und machtlos geworden waren und unser Leben nicht mehr meistern konnten.

Ich wende den ersten Schritt nicht allein auf Suchtverhalten in Partnerschaften an. Wir können, wie beschrieben, auch in vielen anderen Beziehungen süchtiges und ungesund abhängiges Verhalten entwickeln, einschließlich unseres krampfigen Versuches, durch eine Nur-noch-Beziehung zu uns selbst glücklich werden zu wollen. Damit erweitert sich auch der Kreis von Frauen, die in eine Frauenselbsthilfegruppe, die nach dem 12-Schritte-Programm der Anonymen Beziehungssüchtigen arbeitet, eintreten können. Das sind meines Erachtens alle Frauen, die sich in ungesunden Abhängigkeiten und Fixierungen zu Menschen – Partner, Arbeitskollegen, Nachbarn, die eigene Person – verstrickt fühlen.

---

[21] Im September 1999 lernte ich die wertvolle »12-Schritte-Arbeit« von Helge Seekamp, Pastor aus Lemgo, kennen. Mit kleinen Abwandlungen hat er das Programm der Anonymen Alkoholiker übernommen, welches ebenfalls den Ausdruck »Gott – soweit wie wir ihn verstanden« benutzt. Näheres dazu in: Helge Seekamp, Regula Specht-Gloor (Hg.); Endlich leben! Heilung, Veränderung, Gelassenheit; Das 12-Schritte-Programm Ein Arbeitsbuch für Selbsthilfegruppen; Gießen, 1998. Diese Übersetzung aus dem Amerikanischen geht, auf biblischer Basis, in sehr anschaulicher Weise auf die 12 Schritte des Programms ein.

Was ist mit dem Eingeständnis der persönlichen Machtlosigkeit gemeint? Sollen wir uns jetzt erneut demütigen? Waren wir Frauen nicht gerade angetreten, um uns kraftvoll und selbstbewusst aus alten, historisch bedingten Fesseln zu befreien? Wollten wir uns nicht gerade von allen unterwürfigen Denkweisen frei machen? Ok, dass wir uns nicht zu sehr auf den Partner, oder überhaupt auf andere Menschen konzentrieren sollten, das haben wir langsam, oftmals schmerzhaft verstanden (wenn uns auch die Umsetzung oftmals noch sehr schwer fällt). Aber es kann doch nicht sein, dass es falsch ist, wenn ich meine eigene Person in den Mittelpunkt stelle und versuche, darin Halt zu gewinnen. Klingt das nicht nach wohl bekannter Selbstverleugnung, um dann wieder dienend und schweigend von kirchlichen Anordnungen (die Frau hat dem Mann untertan zu sein!) bestimmt zu werden?

Starker Drang nach Kontrolle
Es ist in unserer Gesellschaft, die Coolness und das Alleine-klar-Kommen als einen der höchsten Werte definiert, sehr schwierig, die eigene Schwäche und Machtlosigkeit einzugestehen. Ständig spüren wir den Drang, in Aktion zu sein und Situationsabläufe zu kontrollieren. Stillstehen und loslassen kommt uns wie ein kleiner Tod vor. Wenn wir kein bewusstes »Ja« zu der Unmöglichkeit finden, Beziehungen kontrollieren und unseren tiefen Hunger nach bedingungsloser Annahme durch Menschen stillen zu können, dann signalisiert unser körperlicher Organismus unbewusst diese Unmöglichkeit, indem er gelegentlich zusammenbricht oder gar länger krank wird (»kleiner Tod«). In diesem Moment hat die Seele eine Chance, sich vom ewigen Kontrollieren und Stark-sein-Müssen zu erholen.
Ich begegnete diesem »kleinen Tod« einige Male auf eine jeweils plötzliche, für mich überraschende Art und Weise. Schon sehr früh hatte ich mir die (Über-)lebenseinstellung »immer stark sein und Leistung erbringen« zu Eigen gemacht. Es war für mich äußerst peinlich und schambesetzt, Schwäche zu empfinden oder einer Situation nicht gewachsen zu sein. Diese kraftraubende Einstel-

lung war mir sehr lange nicht bewusst. So verdichteten sich gele-
gentlich die vielen, nicht zugelassenen Schwächemomente zu
einem extremen Moment von Ohnmacht und der Körper oder die
Psyche brachen »wie aus heiterem Himmel« zusammen. Als Ju-
gendliche wurde ich gelegentlich ohnmächtig und in extrem bela-
stenden Situationen »überfiel« mich eine totale Resignation mit
Todessehnsucht.

Mit der Lebenshaltung »Ich-muss-stark-sein« ist der erschöpfte
Körper und die überforderte Seele hin und wieder »gezwungen«,
die Zusammenbrüche zuzulassen, um den ganzen Menschen vor
einem plötzlichen Tod zu bewahren. Die Zusammenbrüche sind
eine Chance, unseren Eigensinn und unsere Fehlhaltungen zu
erkennen und zu korrigieren.

Treffen von Gleichgesinnten – die Selbsthilfegruppe

Im Sommer 1987, kurz vor meinem 30. Geburtstag, stieß ich ein
zweites Mal auf das Buch von Robin Norwood »Wenn Frauen zu
sehr lieben«. Diesmal las ich es gründlicher und bekam viele mei-
ner Befürchtungen und Ahnungen bestätigt: bei meinen vielen Be-
mühungen, über einen Partner Halt und Geborgenheit zu finden,
hatte ich mir eher einzelgängerische, ihre Unabhängigkeit liebende
Männer gesucht, die mir diese Geborgenheit nicht geben konnten.
Ich fühlte mich wirklich gefangen: Entweder wurde ich von den
eher distanzierten Männern in meiner Persönlichkeit und
Eigenständigkeit akzeptiert, während ich gleichzeitig an einem
Mangel an Interesse und Nähe zu verhungern schien. Oder ich
genoss das Gefühl, für den anderen wirklich wichtig zu sein,
während ich mich gleichzeitig durch Vereinahmungs- und »Du-
musst-denken-wie-ich« -Tendenzen eingeengt fühlte und nicht
wusste, wie ich hier gesunde und selbstbewusste Grenzen setzen
konnte. Ich begriff, dass ich durch eine erneute Partnerschaft die-
sen Teufelskreis nicht würde bewältigen können. Ich suchte Hilfe
und meldete mich bei der neu gegründeten Selbsthilfegruppe
»Wenn Frauen zu sehr lieben« an, die die ersten 10 Wochen von
zwei Therapeutinnen geleitet wurde.

Das Eingeständnis der Machtlosigkeit und Demut hat nichts mit Sich-klein-Machen zu tun. Der erste Schritt besagt nicht, dass von uns nichts mehr übrig bleiben darf. Er besagt nur, dass wir in unseren Beziehungen unglücklich sind und uns, nach einigen Versuchen, diese Situation zu ändern, eingestehen, dass wir »mit unserem Latein am Ende« und erschöpft sind. Er besagt nur, dass wir alleine immer wieder in Gefahr sind, uns in Beziehungen entweder zu überschätzen (Kontrolle, Manipulation, Größenwahn – »Ich kann den anderen ändern«) oder zu unterschätzen (ich kann sowieso nichts bewirken und mitgestalten, ich fühle mich ohnmächtig). Im Allgemeinen fallen wir von einem Extrem ins andere: erst fühlen wir uns stark und mächtig (ich habe es später »Gott spielen« genannt) und anschließend – wenn die Dinge nicht so klappen, wie wir es uns vorgestellt haben – sind wir enttäuscht, zornig, resigniert und wollen schnell das Handtuch werfen. Hinter beiden Haltungen steht eine zu starke, abhängig machende Ausrichtung auf Menschen. So verrennen wir uns immer wieder in krampfigen und kräfteraubenden Beziehungsspielen. Wie ich in 1.3. »Gebundenheit in sich selbst« ausgeführt habe, kann sich diese ungesunde Ausrichtung auch auf die Beziehung zu uns selber beziehen. Wie oft schwanken wir auch hier zwischen der gottähnlichen Haltung »Ich kann mich ändern« und der resignierten Einstellung »Ich bin ein hoffnungsloser Fall«.

Und genau hier, in dem Eingeständnis der Verwirrung und Erschöpfung, beginnt die Heilung. Lassen wir uns doch fallen in unsere Erschöpfung und begreifen, dass unsere zu starke Ausrichtung auf uns selbst und andere Menschen keine Lebensausrichtung sein kann. Wir verlieren damit unsere urmenschlichen Träume und Bedürfnisse immer wieder aus den Augen und vergeuden kostbare Zeit. Die Erschöpfung, die immer wiederkehrende Angst im zwischenmenschlichen Bereich und unsere körperlichen Symptome sind deutliche Hinweise für eine falsche, sich selbst verleugnende Lebenseinstellung. Nehmen wir diese Symptome doch mal ernst und gestehen uns unsere Machtlosigkeit ein, die Gefühle und Verhaltensweisen von anderen

Menschen sowie von uns selbst kontrollieren zu können. Dies bedeutet nicht, dass wir viele, oft noch unentdeckte Möglichkeiten haben, um eine Beziehung mitzugestalten: durch Nähe und Echtheit zu uns selbst, durch Ehrlichkeit und durch das Äußern von Gefühlen. Mit diesen können wir jedoch erst wieder in Kontakt kommen durch Überwindung von Ängsten und falschen Scham- und Schuldgefühlen (Näheres dazu unter 3.3 »Befreit zu lieben«).[22]

Kapitulation als Prozess
Der erste Schritt der Anonymen Beziehungssüchtigen ist der Beginn für ein neues und reicheres Leben. Wir müssen nicht sofort völlig kapitulieren (das fällt uns Menschen, die wir gerne alles selber in der Hand haben, sowieso sehr schwer), wir sollten uns nicht überfordern.

In einem Punkt war ich mir sicher, als ich die Selbsthilfegruppe »Wenn Frauen zu sehr lieben« im Herbst 1987 aufsuchte: ich brauchte Hilfe und wollte freier werden von und in den Beziehungen zu Männern. Es sollte jedoch noch mal sieben Jahre dauern, bevor ich meine Machtlosigkeit, aus eigener Kraft in Beziehungen glücklich zu werden, aus ganzem Herzen »eingesehen« habe. Dabei habe ich die Erfahrung gemacht, dass der erste bis dritte Schritt sehr eng zusammenhängt. Ich kann nicht einfach ins Bodenlose »hineinkapitulieren«, ich brauche zumindest die Ahnung und die Hoffnung, dass es irgendetwas gibt, was mich trägt, dem ich vertrauen kann. Je größer mein Vertrauen mit den Inhalten des zweiten und dritten Schrittes wurde, desto mehr konnte ich – im Allgemeinen nach erneuten, konkreten Enttäuschungen – den ersten Schritt annehmen und mich loslassen.

Bei Suchtabläufen Hilfe und Austausch zu suchen, ist der Beginn des ersten Schrittes. Das erleichternde Eingeständnis der Machtlosigkeit, dass wir mit unseren alten Kindheitswunden aus eigener Kraft keine befriedigende und erfüllte Beziehung zu

---

[22] Sehr lesenswert hierzu ist der Artikel von Bodo Baar, Wege aus dem Schamangst-Zyklus; Befreiende Wahrheit Nr. 7; a.a.O.; S. 50ff.

anderen und vor allem zu uns selbst haben können, erschließt sich dann im weiteren Verlauf der Genesung.

Mein Kindheitsschmerz darüber, dass ich mich ungeliebt und nicht wahrgenommen fühlte, hatte in mir eine tiefe Angst vor offener oder schweigender Zurückweisung ausgelöst, ja oft sogar bei nur neutralem und rein sachlichem Verhalten anderer mir gegenüber bereits Verunsicherung bewirkt. So war es mir sehr wichtig, Ablehnung zu vermeiden und dass mich möglichst jeder mochte. Vom Verstand her wusste ich bereits sehr früh, dass dieses nicht möglich ist, doch das »Programm in mir« war meistens stärker. So suchte ich in meinem Wunsch, dass mein immer während Schmerz Heilung und Linderung erfuhr, sehnsüchtig, ja süchtig und mich selbst immer wieder verbiegend, Liebe und Freundlichkeit. Gleichzeitig entwickelte ich ein ganzes Arsenal an Kontrollmechanismen, um meine Wunde zu schützen, da der Schmerz dann, wenn sie z. B. durch Trennungen berührt wurde, nahezu unerträglich war. So suchte und brauchte ich einerseits dringend die Erfahrung, mit meinen mangelnden Selbstwertproblemen angenommen zu sein, andererseits verbarg ich anderen gegenüber so gut es ging dieses Selbstwertproblem, um mich, wie gesagt, zu schützen, aber auch weil ich davon überzeugt war, dass der Andere sich spätestens dann, wenn er diesen Mangel bei mir entdeckt, von mir abwendet – was ja durchaus auch geschehen ist. Ein tragischer Teufelskreis, aus dem ich mich, wie ich zunehmend erkannte, mit guten Willen, Verstand oder eigener Kraft allein nicht würde befreien können. Erst durch Gottes bedingungslose Annahme konnte meine Ablehnungswunde, die ich ihm in einem wachsenden Vertrauensprozess zeigen mochte, Heilung erfahren und damit der Ausstieg aus dem tragischen menschenbezogenen Suchtkreislauf beginnen (Näheres dazu in »Gott befreit von Lebenslügen« im Kapitel 3.3. »Befreit zu lieben«).

Registrieren wir also unsere Erschöpfung und Müdigkeit, nehmen wir uns ernst mit unserer Unzufriedenheit – das ist der Beginn von Einsicht und Kapitulation – ohne uns gleich wieder durch Grübeln oder altbekannte Aktionen hinauswinden zu wollen – und wenden uns dem zweiten und dritten Schritt zu.

2.2 Suche nach Gott

Wir kamen zu der Überzeugung, dass nur die Beziehung zu einer Macht – größer als wir selbst – uns unsere seelische Gesundheit wiedergeben kann. Wir fingen an zu glauben, dass Jesus Christus diese größere Macht ist, und dass durch ihn Heilung und Erneuerung in unserem Leben geschehen kann.

In diesem Schritt geht es um die Hinwendung an eine unsichtbare Macht und Dimension, die größer und weiser ist als wir. Wir sind unserer alten Bewältigungsstrategien müde geworden und fragen in unserer Unzufriedenheit und Verzweiflung langsam nach einer »höheren Macht.« Immer, wenn wir erkennen, dass wir in anderen Menschen oder nur in der Beziehung zu uns selbst keinen dauerhaften Halt finden können, wird die Sehnsucht nach einem Halt frei, der nicht so vergänglich ist wie alles Irdische. Dabei ist es für die Suche nach einem neuen Weg wichtig, welches Bild wir uns von der »höheren Macht« machen.

Bereits in ihrem ersten Buch »Wenn Frauen zu sehr lieben« hat Robin Norwood im zweiten Schritt der »10 Schritte zur Genesung« betont, dass wir unsere Genesung zur absoluten Priorität machen sollten.[23] Der zweite Schritt der Anonymen Beziehungssüchtigen (siehe Einleitung) spricht ebenfalls von einer Macht, die uns gesund macht. Was macht gesund? Sollte dies nicht eine Macht sein, von der ich weiß, dass sie mich liebt und die meinen nie gestillten Hunger nach Liebe befriedigen kann? Eine Macht, die, in dem wir an sie glauben, unseren Verstand nüchtern und klar macht? Unsere Sucht hat uns verwirrt und zunehmend haltlos gemacht, wir brauchen eine »höhere Macht«, die unsere Gedanken und unser Leben ordnen kann. Wir sollten unsere Entscheidung, die im dritten Schritt gefällt werden soll, in Ruhe überdenken. Ein zentrales Anliegen der Gruppenarbeit war ja immer wieder, dass wir lernen, gut

---

[23] R. Norwood; Wenn Frauen zu sehr lieben; a.a.0; S. 272ff

für uns zu sorgen und uns z. B. den Partner genauer anzugucken, bevor wir uns ihm anvertrauen. Sollte dies nicht vielmehr für die »Höhere Macht« gelten, der wir unser Leben anvertrauen wollen? Und dabei dürfen und sollten wir selbstbewusst fragen: Wo zeigt sich mir Gott als vertrauenswürdig, als liebend und Gelassenheit schenkend?

Bewusstes Singleleben, gute Erfahrungen als EDV-Dozentin und aktive Suche nach Gott

Ende 1987, ich war gerade einige Monate in der Selbsthilfegruppe, habe ich mich in meiner Ohnmacht über die Unfähigkeit, eine Partnerschaft aufzubauen, bewusst auf die Suche nach Gott gemacht. Die Not fühlte sich nicht so ohnmächtig und schwarz an wie die Not mit Mitte 20. Aber ich war es endgültig leid, immer wieder in letztlich nicht tragenden Partnerschaften zu leben und mich immer wieder aus dem Trennungsschmerz »herausarbeiten« zu müssen. Ich war es auch leid, von Menschen und ihrer Meinung von mir so abhängig zu sein. Ich wollte lernen, mit dem Alleinsein fertig zu werden und mich auch als Single vollständig und nicht mehr einsam zu fühlen. Ich wollte mich auf mein Hobby Tanzen und auf meine zweijährige universitäre ABM-Tätigkeit als wissenschaftliche Mitarbeiterin konzentrieren, die ich nach meiner Ausbildung zur Programmiererin im August 1986 angefangen hatte. Ich machte erste, sehr wertvolle und durchweg positive Erfahrungen als EDV-Dozentin, was mein Selbstbewusstsein sehr stärkte. Ich wollte lernen, meine ständigen Gruppenängste zu überwinden. 1988 war ein sehr aufregendes und schönes Jahr. Als »bewusster« Single blühte ich richtig auf.

Und ich wollte diese »Höhere Macht«, die vielen Menschen Kraft und Halt zu geben schien und den einige Gott nennen, kennen lernen. Ich beschäftigte mich intensiv mit verschiedenen Gottes- und Jenseitsvorstellungen in der Menschheitsgeschichte. Ich las viel über den Glauben an Götter und Göttinnen, über die Reinkarnationslehre sowie über das Erlösungs- und Freiheitsbedürfnis des Menschen. Dabei stellte ich fest, dass der Mensch, nackt und ungeborgen wie er ist, neben seinen ständigen, eigensinnigen

Versuchen, ohne Gott Halt und Geborgenheit zu finden, immer auch nach nichtmateriellen Antworten sucht, die ihm einen möglichen Halt und Trost in seiner materiellen, irdischen Unsicherheit geben. Er sucht und sehnt sich nach einer Geborgenheit, die aus einer spirituellen oder religiösen Ausrichtung gespeist wird. Ich habe mal gelesen, dass der Mensch »unheilbar religiös« ist.

Wiederaufnahme der verloren gegangenen, christlichen Wurzeln

Die ersten Jahre sind wir nach unserem Gruppenabend immer in die gleiche Kneipe gegangen. Dort hing eine alte Schnitzarbeit mit dem Bibelvers »Werfet alle eure Sorgen auf Gott, denn er sorget für euch« (1. Petr 5, 7). Ich habe mich oft so hingesetzt, dass ich den Vers sehen konnte. Wie sehr wünschte ich mir, meine Sorgen und Probleme mal nicht mehr so als bedrückende Last empfinden zu müssen und eine innere Distanz dazu herstellen zu können, in dem Wissen, dass sich jemand darum kümmert.

Über zwei Jahre verteilt (1989/90) besuchte ich bei der evangelischen Erwachsenenbildung fünf Seminare zum Thema »Über meinen Glauben ins Gespräch kommen«, bei denen ich zum ersten Mal auf lockere Art und Weise mit der Bibel in Kontakt kam. Wir haben gemalt, gesungen und gute Gemeinschaft gehabt. Ich suchte mir ältere, warmherzige Frauen, die mich beim nächsten Seminar als »ihre« Tochter jedesmal sehr herzlich in die Arme nahmen. Anknüpfend an die Seminarthemen machte ich meine christliche Kiste, die ich mit 17 so fest verschlossen hatte, wieder auf. Endlich machte ich dem lang verdrängten Zorn über meine katholische Erziehung mit ihrem »Du musst« und »Du sollst« Luft.[24]

An einem Wochenende haben wir uns in einem Bibliodrama mit der »Heilung des Besessenen von Gerasa« (Mk 5, 1-20) beschäftigt.

---

[24] Meine Erfahrung, die ich im Rahmen meiner kath. Erziehung gemacht habe, möchte ich nicht als verallgemeinernde Ablehnung dem Katholizismus gegenüber verstanden wissen. Es gibt hier Kernpunkte (Jesu Tod, Auferstehung etc.), die ich völlig teile, aber auch andere Aspekte, die ich von der Bibel her nicht begründet sehe (Marienverehrung, Unfehlbarkeit des Papstes, der Glaube, durch gute Taten in den Himmel zu kommen etc.).

In vielem habe ich mich wieder gefunden. War ich nicht auch manchmal in Beziehungssuchtanfällen wie besessen gewesen, sodass mich kein guter Vorsatz und kein vernünftiger Gedanke erreichen konnte? Sehr zögernd und unter großen Vorbehalten öffnete ich mich der Vorstellung, dass es einen Gott gibt und habe angefangen zu beten, um meiner Sehnsucht nach seiner Liebe Raum zu geben. So habe ich Gott Anfang 1989 meine Fehlentscheidungen wegen der Abtreibungen eingestanden und ihn gebeten, mir zu vergeben und mir meinen Schmerz darüber wegzunehmen. Es war eine riesengroße Erleichterung, zu spüren, wie die Schuldgefühle weniger wurden. (Im Nachhinein sehe ich es so, dass Gott mir bereits hier ein Teil seiner vergebenden Liebe geschenkt hat. Ich selber war zu dem Zeitpunkt noch weit davon entfernt, Gott als personales Gegenüber wahrzunehmen oder ihn gar mit Jesus Christus gleichzusetzen.)

Überzeugt von einer göttlichen Existenz, Beginn der schriftstellerischen Arbeit

Ich blühte auf, denn ich hatte ein Ziel: Gott. Am 15.07.1990 schrieb ich auf die Rückseite einer Karte mit der Aufschrift »Gelassenheit lebt aus der Geborgenheit in Gott«: Ich entscheide mich für den Weg zu Gott. Mein erstes Fragen und Herantasten an Gott war zu der Überzeugung geworden, dass es ihn geben muss. Ich wollte ihn kennen lernen. Ich wollte gesund werden. Mittlerweile erkannte ich neben meiner Beziehungssucht, deretwegen ich die Gruppe aufgesucht hatte, allmählich meine allgemein zu starke Ausrichtung auf menschliches Wohlwollen. Außerdem erkannte ich, dass ich in meinem Leben, um mich gebraucht und wertvoll zu fühlen, oftmals versucht habe, schwierige Beziehungen zu retten und depressiven Menschen zu helfen, damit ich dann, wenn alles gerettet war, entsprechend Liebe und Aufmerksamkeit zurückbekam (Co-Abhängigkeit). Da, wo in solchen Situationen früher nur Enttäuschung und Zorn war, denn die Rechnung ging natürlich nicht auf, erkannte ich allmählich, dass ich selbst dafür verantwortlich bin, mit welchen Menschen ich meine Zeit verbringe. Dies soll nicht gegen die unterstützende Begleitung von Menschen in einer Krise sprechen, aber ich bin mittlerweile davon überzeugt, dass ein hungriger Mensch einem hungrigen Menschen keine große Hilfe sein kann und dass auf diese Weise sehr schnell ungesunde Abhängigkeitsverhältnisse entstehen können. Je mehr ich durch die Arbeit in der Selbsthilfegruppe meine zwischenmenschlichen Verhaltensmuster erkannte, umso mehr interessierte mich die »größere Macht«, von der der 2. Schritt sprach und die Aussicht, durch diese »größere Macht« gesund zu werden. Im Sommer 1990 begann ich über unsere Selbsthilfegruppenarbeit ein Buch zu schreiben. Ich interviewte die Frauen und setzte mich schriftlich mit der, wie ich damals glaubte, Fähigkeit des gebundenen Menschen zur Selbsterlösung auseinander.

Doch wie sah diese »größere Macht«, die ich mittlerweile Gott nannte und die ich kennen lernen wollte, eigentlich aus? Ich machte mir die sehr mutmachende Vorstellung von einer göttlichen oder geistigen Energie, die alles liebevoll durchströmt. So meinte ich, dass diese Energie auch in den wenigen mir bekannten Aussagen der Bibel zu finden sei. Ich nahm an, dass diese göttliche Energie in jedem Menschen ist, genauso wie in jedem Tier, in jedem Blatt und in jeder Blume. Über Tarot, Meditation, Spaziergänge in der Natur etc. wollte ich diese göttliche Energie in mir fördern und weiterentwickeln. Ich hatte die Vorstellung, dass das Göttliche überall ist und alles verbindet. Das tat richtig gut, nachdem ich, entsprechend unserem wissenschaftlichen Zeitalter, in der Schule und der Universität gelernt hatte, alles zu analysieren und voneinander zu trennen.

Phasenweise beschäftigte ich mich wieder sehr mit der Astrologie und mit Astroanalyse. In den Jahren vorher hatte ich mir bereits zweimal eine ausführliche Analyse über die Stellung der Planeten zu meinem Geburtszeitpunkt machen lassen. Ich wollte über den möglichen Einfluss der Planetenkonstellationen zu meinem Geburtszeitpunkt mehr Selbsterkenntnis gewinnen. Dabei sah ich die Eigenschaften der »Jungfrau« nicht als etwas Statisches und Schicksalhaftes an. Ich glaubte, dass jedes Sternzeichen seine Entwicklungsmöglichkeiten hätte, bei denen die behindernden Anteile des Zeichens allmählich überwunden werden können. In schwierigen Zeiten halfen mir diese Kenntnisse jedoch nur wenig. Ich empfand

*die Astrologie oftmals wie ein »Fass ohne Boden«. Ich musste immer
mehr lesen, um vielleicht genau auf die Information zu stoßen, die
mir in meiner persönlichen Entwicklung weiterhelfen konnte. Es
war eigentlich wieder die gleiche, letztlich kraftraubende Dynamik:
wie bei der buddhistischen, psychologischen und philosophischen
Literatur bekam ich durch die Literatur über Astrologie und Astroanalyse wiederum ideale Lebens- und Entwicklungsziele vor Augen
geführt, deren Umsetzung mir umso mühsamer erschien, je länger
ich mich damit befasste. Wie sollte ich denn jemals von Ist (Unruhe
und Sehnsucht nach Gelassenheit) zum Soll (das Ideal der Harmo-
nie und Gelassenheit) kommen? Diese Kluft schien mir wieder mal
unüberbrückbar. War ich nicht selber schuld, wenn mir dies nicht
gelang?*

Überzeugte Anhängerin der New-Age-Lehre

*Ich las viele Bücher über ein mögliches neues Zeitalter (New Age),
das jeder mit vorbereiten kann, indem er seinen inneren göttlichen
Funken oder Kern mit der kosmischen, göttlichen Liebe in Einklang
bringt. Ich studierte die zahlreichen Hinweise auf Reinkarnation
und wurde eine überzeugte Vertreterin dieser Denkrichtung. Es
war ein großer Trost, mir vorzustellen, dass die Seelen meiner
abgetriebenen Kinder wohl eines Tages noch mal durch mich geboren werden würden. (Heute sehe ich diese Gedanken als verzweifelten Versuch, mit meinen damaligen »Restschuldgefühlen« umzugehen.) Ich besuchte Veranstaltungen von den »Rosenkreuzern« und
der, wie ich heute weiß, sektiererischen Gruppe »Universelles
Leben«. Ich fand mich in ihrem Gedankengut vom »göttlichen Selbst
in uns« wieder und ich beneidete sie um den klaren Weg, den sie
anscheinend in ihrer Gruppe gefunden hatten, blieb jedoch skeptisch. Die Freundlichkeit der Referenten war zu freundlich und ihr
Auftreten wirkte auf mich unnatürlich, sehr ernst und getragen. Da
war keine Herzlichkeit und Nähe, eher lächelnde, vergeistigte
Distanz.
    Wenn der Glaube an diese göttliche Energie mir wohl auch half,
einiges gelassener zu sehen und ich mehr Kraft hatte, meinen Suchtimpulsen zu widerstehen, so konnte dieses eher abstrakte Gottesbild*

nicht verhindern, dass ich mit Angriffen von außen weiterhin nur schlecht umgehen konnte. Meine Ängste und Unsicherheiten im zwischenmenschlichen, normalen Miteinander waren auf einer tieferen Ebene noch spürbar. Genauso konnte mein Gottesbild nicht verhindern, dass ich beruflich und privat weiterhin Entscheidungen fällte, die mich letztlich überforderten und meine nächste tiefere Lebenskrise verursachten.

Offen für eine neue Partnerschaft, Egon

Nach gut dreijährigem Singlesein, bei dem ich gelernt hatte, alleine zu sein, Hobbies zu pflegen, und durch meine Arbeit als EDV-Dozentin selbstbewusster geworden war, wollte ich mich gerne wieder binden. Es war nicht diese ungeduldige Bedürftigkeit von früher, die ein Alleinsein nicht erträgt, sondern eine echte Bereitschaft, mich zu binden, zu heiraten und Kinder zu bekommen. Im März 1990 lernte ich Egon kennen. Er war sehr schüchtern und zurückhaltend. Er studierte Chemie. Ich hatte mir zu meinem eigenen Schutz damals ein Kennlernsystem zugelegt: ich ging auf den Mann zu, der mich interessierte. Wenn nach 1-2 Gesprächsanfängen der Mann zwar reagierte, aber von sich aus den Faden nicht wieder aufgriff, bin ich gegangen. Das war mir in den drei Jahren schon öfter eine Hilfe gewesen, um nicht immer wieder dem Sog zu erliegen, mich bei Desinteresse oder Verschlossenheit weiterhin bemühen zu »müssen.« Egon zeigte bei aller Schüchternheit Interesse und reagierte auf meinen Kontaktwunsch. Es entwickelte sich ein interessantes, ehrliches und vor allem humorvolles Gespräch.

Und diese liebevolle, manchmal zu vorsichtige Art des Gesprächs und des Miteinanders ist in den zwei darauf folgenden Jahren immer geblieben. Wir hatten ähnliche Freizeitvorstellungen, gingen viel spazieren und sein feiner, intelligenter Humor hat mich in vielen, schwierigen Momenten getröstet oder zu minutenlangen Lachanfällen gereizt. Er achtete mich und unterstützte mich oft durch konkrete Mithilfe oder indem er einfach zuhörte und sensibel auf das Gesagte reagierte. Er war jedoch kaum in der Lage, seine Gefühle verbal oder durch herzliche Umarmungen auszudrücken.

Seine Bewegungen blieben stets scheu und zurückhaltend. Ich litt sehr unter dieser Passivität, die immer nur reagierte, wenn ich die Initiative ergriff, und seine ausweichenden Antworten, wenn ich über Zukunft und feste Bindung sprach, waren sehr schmerzhaft für mich. Ich hatte das Gefühl, als ob wir zusammen total leckere und süße »Gegenwartsfrüchte« aßen, doch es fehlte der Tortenboden. Bereits in den ersten Wochen hatte es mich oft verwirrt, dass er einerseits sehr offen und interessiert war, andererseits oft so sehr passiv, ja fast gleichgültig wirkte. Da ich die Gefahr solcher verwirrten Gefühle kannte, zog ich mich zunächst zurück von ihm. Doch ich fühlte mich sehr einsam und war nicht mehr bereit, mich den schwierigen Fragen des Alleinseins zu stellen (was mache ich am Wochenende, mit wem könnte ich jetzt meine Alltagseindrücke teilen etc.). Ich wollte endlich mal wieder die schönen Seiten von Zweisamkeit erleben.

Er hielt mich leider recht lange in der Hoffnung, wohl, wie er später zugab, um mich nicht zu verlieren und weil er seine Bindungsscheu bzw. mangelnde Bindungsbereitschaft ändern wollte. Vielleicht glaubte er ernsthaft, dass er diese Schwierigkeit ändern könne. Nachdem mir die gemeinsamen Früchte immer weniger schmeckten und ich ihm wieder mein Leid und meinen Schmerz klagte, sagte er: »So, du tust so viel, um dein Beziehungsverhalten in den Griff zu kriegen. Denk nicht mehr darüber nach, was du tun kannst. Ich muss endlich was tun.« Am nächsten Tag ging dieser an sich immer zögernde und zaudernde Mann zu einer Therapieeinrichtung und fing eine Gruppentherapie an. Später besuchte er, auch noch einige Jahre nach unserer Trennung, eine entsprechende Selbsthilfegruppe (Emotion Anonymous). Er hatte Probleme mit dem Fühlen, indem er eben gar nicht oder nur wenig fühlte. Auch kleinere oder größere Entscheidungen zu fällen, ist für ihn außerordentlich schwierig. Im Winter 1991/92 spürte ich, wie dieses jahrelange Hoffen mir langsam meine Selbstachtung nahm. Ich war erschöpft und fand die Situation vollkommen hoffnungslos. Ich hatte ihn immer noch lieb, aber ich trennte mich Ostern 1992.

Schmerzhafte Erkenntnis und Rückfall in altes Suchtverhalten

Es war für mich ungeheuer schmerzhaft, erkennen zu müssen, dass ich wieder versucht hatte, mit einem bindungsscheuen Menschen eine feste Partnerschaft aufzubauen, und dass es mir einfach nicht möglich war, mein Beziehungsmuster zu verlassen. Erst nach der Trennung ging die Beziehungssucht, die vorher nur punktuell aufgeflammt war, eigentlich erst richtig los. Ich dachte Tag und Nacht an ihn und schwankte zwischen Sehnsucht und unbändigem Zorn, dass er mir so lange Hoffnungen gemacht hatte. Ich musste ständig zu ihm fahren, saß manchmal einfach apathisch da oder ergoss meine Anklagen und Vorwürfe über ihn. Fragen und immer wieder die gleichen Fragen, warum hast du hier, warum hast du dort ...? Er antwortete hilflos und ausweichend, was mich noch mehr verrückt machte. Ich bin Egon heute dankbar, dass er mich nicht ebenfalls aggressiv zurück attackiert hat – es war mir selber schon peinlich genug, dass ich mich nicht anders verhalten konnte – aber bestimmende und klare Grenzen seinerseits wären sicherlich hilfreich gewesen. Doch genau das war ja sein Problem und so stachelten sich sein Ausweichen und mein Verfolgen gegenseitig hoch.

Um meiner Traurigkeit und meinen Suchtimpulsen nicht weiterhin so ausgeliefert zu sein, nahm ich mir im Mai 1992 die Renovierung meiner Wohnung vor, in der ich nun schon 7 Jahre lebte. Ich vergrub mich drei Monate täglich in die Entrümpelung und Gestaltung jedes einzelnen Raumes. So verzweifelt und unglücklich ich auch war: hier konnte ich nahezu unbegrenzt gestalten und walten, wie ich wollte. War ich auch unsicher und oft ohnmächtig in meinen Beziehungen, hier hatte ich Macht. Keiner redete mir rein oder begrenzte mich, die Gardine konnte nicht sagen: »Nein, ich will da nicht hängen.« Ich gönnte mir kaum Pausen und war richtig arbeitswütig. Ich hatte meine Suchtneigung verlagert. Ich traf Egon noch ab und zu und er fasste gelegentlich mit an, doch die Renovierung half mir, die Fixierung auf ihn zu lockern.

Im September 1992 bin ich zum Urlaubmachen in eine kleine Pension nach Schleswig-Holstein gefahren. Dort bin ich erschöpft zusammengebrochen. Obwohl ich immer ein begeisterter Wanderer war, so kroch ich jetzt wie eine Schnecke dahin. Ich lag stundenlang auf dem Bett, weinte und grübelte. Wieder wurde mir bewusst, wie kühl und unpersönlich eigentlich mein familiäres Band war und wie sehr ich mich schon damit abgefunden hatte, dass ich bei solchen Lebenskrisen dort keinen Trost finden konnte, der mir Mut gemacht hätte, mich weiter zu öffnen und mitzuteilen. Meiner jungen Nichte und Freundin, Jennifer, hatte ich mich schon so oft anvertraut. Sie zeigte deutlich, dass sie mit meinen »Geschichten« überfordert war. Sie war 18 und wollte ihre eigenen Wege gehen. Leider setzte sie ihre Grenze sehr schroff, und ich brauchte Jahre, um mich ihr gegenüber wieder öffnen zu können.

Berührung durch Gottes Liebe
Ich hatte mir eine kleine Broschüre mit der Geschichte »Vom verlorenen Sohn« (Lk 15, 11-32) mit in den Urlaub genommen. Die gedankliche Auslegung des Autors berührte mich sehr. Ich habe fast bei jedem Satz geweint und wusste, dass ich eine »verlorene Tochter« war. Ich fühlte mich sehr einsam und hatte große Sehnsucht nach einem göttlichen Ort der Ruhe und Geborgenheit. Doch ich sollte noch eine Runde am »Schweinetrog« drehen, bis ich einsichtig und offen genug war, Jesus in mein Herz zu lassen. (Ich habe mich im Nachhinein manchmal gefragt, ob ich diese Umkehr einfach noch nicht wollte oder ob ich nicht wusste, dass dazu eine bewusste, verbale Entscheidung notwendig ist.)

ABM-Stelle als Soziologin, Hoffnung auf betriebliche Übernahme
Im Laufe des Jahres 1992 war ich in Verhandlungen mit dem Arbeitsamt und einer benachbarten städtischen Kommune über eine mögliche ABM-Stelle als Soziologin in einem Präventionsbüro für Kriminalität. Mal sollte sie anfangen, dann wurde sie wieder verschoben. Da mein Arbeitsberater mich nur vermitteln wollte, wenn Aussicht auf Übernahme bestand, machte ich mir entsprechende Hoffnungen auf eine solche Weiterbe-

schäftigung, wenn die ABM-Stelle erst mal angefangen hatte. Immerhin hatte das Arbeitsamt ein von mir selbst ausgedachtes ABM-Projekt als EDV-Beraterin an der Universität O. abgelehnt, mit der Begründung, dass die Universität keine Übernahme garantieren wolle.

Ich hatte nun bereits viereinhalb Jahre als Dozentin im EDV- und später auch im Selbsthilfegruppenbereich gearbeitet und war über befristete Honorarverträge nie hinausgekommen. Ich war nur zu gerne bereit, wieder ganztags zu arbeiten, vor allem als Soziologin in praktischen und konkreten Projekten. Alte Träume und Hoffnungen wurden wieder wach. Hatte ich nicht Sozialwissenschaften studiert, um meinen Teil zu einer besseren Gesellschaft beitragen zu können? Bei den »ausführenden Organen« (Verwaltung, Polizei, Schulen etc.) mitwirken zu können, das ergibt doch Sinn und Ausrichtung. Dabei vertrat ich die Auffassung, dass wir das Thema Kriminalität nicht einfach bestimmten Ämtern oder Politikern zuschieben können. Wir tragen alle zu diesem gesellschaftlichen Krankheitssymptom bei. Restriktiv war diesem Symptom nicht zu begegnen. Wir (Politiker, Polizei, Ämter, Lehrer, Eltern etc.) müssten zusammenkommen, z. B. bezogen auf einen bestimmten Stadtteil, um gemeinsam die Ursachen herauszufinden und Programme zu entwickeln. Am 3. Januar 1993 begann ich meine ABM-Tätigkeit in dem Präventionsbüro für Kriminalität, 35 km von meinem Heimatort entfernt.

Leider passten die äußeren und inneren Arbeitsbedingungen nicht zu den hohen Hoffnungen und Erwartungen, die ich mitgebracht hatte. Äußerlich insofern, dass ich bereits nach einigen Tagen das Präventionsbüro quasi alleine leiten musste, welches, ähnlich wie die meisten Frauenbüros, direkt dem Oberstadtdirektor unterstellt war. Meine Vorgesetzte, die Präventionsbeauftragte war krank geworden und blieb es auch, mit Unterbrechungen, sieben Monate. Eine geplante, zweite ABM-Kraft sagte kurzfristig das Projekt ab. Ich musste mir mein Büro vollständig selber einrichten und stand vor der Herausforderung, eine für mich vorher völlig fremde Stadt mit ihren Ämtern, Polizeiämtern, Stadtteilen und Schulen kennen zu lernen. Das waren innerlich insofern schwierige Bedingungen, dass ich mich in der verantwortlichen Stellung oftmals einsam und überfordert fühlte, immer noch über die Trennung von Egon trauerte und mich in meiner Wohnung durch das sehr dominante und bestimmende Auftreten meines neuen Vermieters, der gleichzeitig mein Nachbar war, nicht mehr zu Hause fühlte. Hellhörig, wie das Haus war, riss mich das sehr späte Zubettgehen meiner neuen Nachbarn, die in der Wohnung über mir lebten, zusätzlich aus dem oberflächlichen Schlaf. Doch anstatt zu kapitulieren, anstatt meine Überforderung einzugestehen, meinte ich, ich müsste überall die Stellung halten. Konnte ich schon keinen passenden Partner finden, so wollte ich endlich einen festen Arbeitsplatz haben, endlich Karriere machen. Die vielen Ausbildungen und der zeitliche und emotionale Preis, den ich dafür bezahlt hatte, mussten sich doch gelohnt haben. Ich war gefangen in dem krank machenden Wahn »Ich muss es schaffen«. Der verständliche und berechtigte Wunsch nach einem guten Arbeitsplatz traf hier zusammen mit dem von Kindheit an furchtsamen und gleichzeitig leistungsgeprägten Menschen, der es als Schande empfunden hätte, für schwach oder gar unemanzipiert gehalten zu werden.

Mitte 1993 war ich körperlich und seelisch an einem Endpunkt. Beginnende Selbstmordgedanken, die ich jahrelang schon nicht mehr hatte, schlichen sich wieder ein. Dies war für mich mittlerweile ein sehr ernst zu nehmendes Warnzeichen geworden. Die Ampel stand nun nicht auf gelb, sondern auf rot. Ich wusste, es musste etwas geschehen. In der Nacht vom 4. auf den 5. Juni löste ich mich zunächst von der Hoffnung, nach der ABM-Stelle übernommen zu werden. Meine Sehnsucht nach fester Arbeit und die hoffnungsmachenden Gespräche mit dem Vorgesetzten (»Wenn Sie noch etwas mehr Biss zeigen würden, dann ... wer weiß« etc.) brachten eine explosive Mischung hervor, die mich zunehmend aushöhlte und erschöpfte.

Ich beschloss, dass ich bei gleich bleibenden Bedingungen – mangelnde Betreuung, ständig wechselnde Büros etc. – nur bis zum Ende des ABM-Jahres bleiben würde. Und ich fasste mir ein Herz und machte die ständigen Querelen mit einer Kollegin endlich *öffentlich und besprach sie mit anderen Angestellten und dem Personalrat, was eine klärende »Schlichtungsverhandlung« beim Oberstadtdirektor nach sich zog. Meine Würde kehrte zurück und ich konnte bis zum Ende des Jahres etwas selbstbewusster mit den schwierigen Umständen umgehen.*

Dann kündigte ich meine heiß geliebte Wohnung, da ich für mich keinen Weg mehr sah, um mit der spannungsgeladenen Situation fertig zu werden. Bereits jahrelange Kämpfe mit dem vorherigen Vermieter, der das Haus sofort nach dem Erwerb wieder verkaufen wollte, hatten entsprechend Kraft und Widerstandswillen gefordert. Er hatte mit zahlreichen, letztlich erfolglosen Mitteln (mehrere Kündigungen etc.) versucht, seine Wohnungen freizubekommen. Als er bei einem Besuch vor der von ihm herbeizitierten Polizei behauptete, Egon hätte ihn geschlagen, war das Maß voll. Da man mir bei der Polizei, zu der ich nach wochenlangem Zögern endlich ging, sagte, dass eine Verleumdungsklage von der Staatsanwaltschaft wohl wegen Geringfügigkeit eingestellt werden würde, ergriff ich die von dem Polizeibeamten vorgeschlagene Möglichkeit einer Schlichtungsverhandlung. Das harte Gespräch Ende 1991 klärte die festgefahrenen Fronten und wir konnten danach entspannter miteinander umgehen. Kurz darauf verkaufte er das Haus an meinen Nachbarn, der sich leider von mir oft sehr leicht angegriffen fühlte und dominant, manchmal unter Androhung von Anwälten, reagierte.

Während dieser harten Monate im Sommer 1993 verstärkte sich meine Beziehungs- und Harmoniesucht wieder: ich wollte allen Menschen gefallen und bedrängte wieder Egon, weil es mir immer noch sehr wehtat, dass ihm unsere Trennung nichts auszumachen schien.

Zweifel am unpersönlichen Gottesbild

Ich war im zweiten Schritt der Anonymen Beziehungssüchtigen von einem ersten Herantasten an die Vorstellung von einer Höheren Macht zu der Überzeugung gekommen, dass es sie geben müsse. Ich ging davon aus, dass diese höhere Macht so beschaffen sein müsste, dass sie mich seelisch gesund machen kann, also klar im

Kopf und ruhig im Herzen. Sonst hätte dieser Glaube an eine höhere Macht, an einen Gott, ja überhaupt keinen Sinn. Aber ich merkte auch sehr deutlich, dass ich nicht gesund und ruhig war. In schwierigen Lebenssituationen versagte mein Gottesbild und meine Gottesbeziehung. Irgendetwas stimmte an meinem Glauben nicht. War es vielleicht meine Akzeptanz von einem schicksalhaften Karma, bei dem alles, was ich in meinem jetzigen Leben erlebte, letztlich sinnvoll war und ich durch Erlebnisse aus meinem früheren Leben diese Situation selbst geschaffen und jetzt verstehen und auflösen musste? (Entsprechende Literatur von der Schauspielerin Shirley McLaine hatten mich sehr in diesem New-Age-Gedanken bestärkt.) Jede Begegnung mit Menschen schien vorbestimmt und schicksalhaft. Alles, auch das Verletzende und Aggressive, dem ich begegnete, sollte mir dann etwas sagen, nur was? Welche Aufgabe steckte für mich darin, wie lange sollte ich in der Situation verharren? Oder sollte ich gehen? Wo war denn Antwort? Welche Entscheidung war die für mich richtige? Welche Moral und welche Wahrheit war für mich die richtige? Ich war zunehmend verunsichert und verwirrt. Viele kleine oder größere Entscheidungen, die ich fällte, stellte ich hinterher sofort wieder zweifelnd und unsicher infrage. Aus der berühmten »inneren Stimme« war ein ganzer Chor unterschiedlicher Stimmlagen geworden, die gleichzeitig auf mich eindrangen.

Neue Wohnung und erneut arbeitslos, Erfassen der Grundfurcht vor Menschen

Anfang 1994 konnte ich nach der anstrengenden ABM-Tätigkeit in meiner neu bezogenen Wohnung zur Ruhe kommen, wobei mich die neue Arbeitslosigkeit und Perspektivlosigkeit auch belastete, gleichzeitig hatte ich nicht den Mut, mich zu bewerben und in meinem sehr angeschlagenen Zustand eventuell in einer gänzlichen neuen Umgebung noch mal ganz von vorne anzufangen. Um nicht zu sehr zu grübeln, widmete ich mich wiederum meiner Wohnungsgestaltung. Ich entrümpelte die alten Aktenordner im Keller und verkaufte einige Möbel, da ich mein Schlafzimmer für einen Untermieter frei machen wollte.

Tagebucheintragung vom Donnerstag, den 17. Februar 1994

Bianca nimmt heute eine noch neuwertige Kommode mit. Dann ist das Zimmer für Jens frei. Das Freischaufeln der Vergangenheit, das Ordnen und Lüften des Kellers von Sachen, die ich nicht mehr brauche, haben mich befreit. Und wie eine blank geputze Glasscheibe kommt meine Grundangst vor Menschen zum Vorschein. Nicht lähmend, eher mit Gefühlen von Dank: da bist du ja, du Grundfurcht. Du ewige Angst, die mein Leben so stark bestimmt ... In jeder meiner Handlungen, meiner Gefühle, meiner Meinungen ist die Scham und das Zittern vor Strafe verstrickt.

Wiederaufnahme der schriftstellerischen Arbeit, Lebensschmerz

Des Weiteren nahm ich mein Buch (die ursprüngliche Fassung) wieder in Angriff, bei dem ich nun das Kapitel »Glauben« fertig schreiben wollte. Doch die Arbeiten verliefen sehr zäh und mühselig. Ich besorgte mir umfangreiche esoterische und anthroposophische Literatur und machte ständig neue Anläufe, das Kapitel zu strukturieren. Es gelang jedoch nicht und ich war sehr verzweifelt. Sollte auch der Traum von einer Schriftstellerin platzen? Ich hatte starke Schlafstörungen und reagierte überempfindlich auf Geräusche. Entsprechend verletzlich und empfindlich war ich im Kontakt mit anderen. Bereits beim Ansatz von kritischen Bemerkungen zuckte ich innerlich zusammen. Ich schämte mich meiner Situation und ich schämte mich meiner Überempfindlichkeit. Ich war kaum in der Lage, längere Gespräche zu führen.

Im März 1994 bekam ich telefonisch meinen ersten Zeugnisentwurf für die ABM-Tätigkeit mitgeteilt. Er war niederschmetternd. Nach dem Telefonat stand ich am Fenster meiner Wohnung in der vierten Etage und dachte für einen Moment, was es doch für eine Erleichterung wäre, einfach rauszuspringen und dem ewigen Auf und Ab von Hoffnungen und Enttäuschungen endlich ein Ende zu machen. 20 Jahre hatte ich nun aktiv versucht, mein Selbstwertproblem und meine Ängstlichkeit zu überwinden. Schein-

bar gab es für mich keinen Weg zu guten, stabilen Beziehungen und einer sinnvollen und festen Berufstätigkeit.

In diesem mir so vertrauten, kurzzeitigen Impuls von Todessehnsucht machte ich eine große Entdeckung: Wieder war so vieles in meinem Leben zwischen meinen Fingern zerronnen, aber ich hatte nicht mehr diese starken Schuld- und Versagergefühle, die mich früher nach ähnlichen Erlebnissen über längere Zeit in die Selbstanklage und lähmende Depression hinabgezogen, und meine Gefühle verdeckt hatten. Stattdessen spürte ich einen grundlegenden Lebensschmerz und unendliche Einsamkeit. Täglich begleitete mich meine Menschenfurcht, deren Ausmaß mir immer bewusster wurde und die das Hauptthema in meinen Therapiestunden war.

Tagebucheintragung vom Freitag, den 20. Mai 1994

Wieder ist deutlich geworden, wie sehr ich mich an dem Bild orientiere, die gute, nette und fleißige Inge sein zu wollen und wie viel Angst es mir macht, andere, weniger angenehme und akzeptierte Seiten zu leben. »Wovor hast Du Angst?«, fragte Siegrid mich heute. »Davor, dass jede normale, gesunde Selbstbehauptung, jede Wut mit doppelter Aggression, mit Vernichtung beantwortet wird. Ich habe es so kennen gelernt, so bin ich aufgewachsen«, antwortete ich. Zorn und Trauer schüttelten mich und ich wusste, diese Angst hat mein ganzes Leben bestimmt. Und ich projiziere diese erlebte aggressive (oder auch schweigende) Ablehnung in alle möglichen Leute hinein; schlechte Laune, ein böses Gucken, Genervtsein löst die alte Angst wieder aus. Schon gehe ich ein Stück in die Knie. Ich bin so froh, diesem allem auf der Spur zu sein.

Zum wiederholten Mal nahm ich das Buch »Wege aus der Angst« von Peter Barall in die Hände:

»Wer nicht aus der Macht Gottes lebt, schießt Eigentore. Sich in Gott hineinvertrauen, damit alle Angst und Furcht vor anderen verloren geht, das heißt zuallererst die Erfahrung machen: Gott ist für mich! Aber wenn Gott für mich ist und deswegen die

Macht der Finsternis kein Recht mehr auf mich hat, dann bin ich auch mit Gott mächtig gegen die Finsternis. Wenn er zur beherrschenden Instanz in meinem Leben geworden ist, sind meine Gefühle, meine Wünsche, meine Sehnsüchte nicht mehr von anderen zu benützen.«[25]

Gott lässt mich nicht los, Reise in die Schweiz

Ich interessierte mich zunehmend für diesen Gott der Bibel, der anscheinend in der Lage war, mir meine Lebensangst sowie den Lebensschmerz zu nehmen. Ich wollte keine bloße Aneinanderreihung von Erfahrungen mehr. Ich wollte nicht mehr die totale Freiheit, in der ich meine Entscheidungen oft nur mühsam fällen konnte, da eine klare ethische Lebenshaltung und -ausrichtung fehlte. Ich suchte eine feste und kontinuierliche Gemeinschaft mit Menschen, die die gleiche geistliche Ausrichtung haben, evtl. wollte ich auch mit ihnen zusammenwohnen und -arbeiten. Ich wollte keinen »bunten Eintopf« mehr, sondern mich für eine Weltanschauung entscheiden und sagte mir: »Entweder wirst du jetzt Anthroposophin oder Christin.« Ich interessierte mich damals sehr für die anthroposophische Lehre von Rudolf Steiner. Deshalb meldete ich mich für meine Urlaubsreise im Sommer 1994 bei einigen Einrichtungen an, die entweder der anthroposophischen oder christlichen Weltanschauung näher standen.

Meine erste Urlaubsstation führte mich in eine christliche Pension in der Schweiz. Neben meinen Bergwanderungen las ich Bücher von Menschen, die ihr Leben Jesus übergeben hatten, und forschte tagelang in der Bibel nach Stellen zum Thema Furcht. Ich hatte starke, schmerzhafte Kieferverspannungen und so sehr ich den Kontakt mit den anderen Urlaubern auf der einen Seite suchte, so war ich doch meistens sehr angespannt, fühlte mich gefangen in Denkzwängen und war zutiefst verunsichert und misstrauisch. Angst vor Menschen und vor der Zukunft lähmte mich. Wie sollte

---

[25] Peter Barall; Wege aus der Angst – Zur Wirksamkeit befreit; Gießen 1985; S. 63. P. Barall war 1969 aktiv in der deutschen Terroristenszene und hat später zum christlichen Glauben gefunden.

mein Leben denn weitergehen? Tiefe Hoffnungslosigkeit und Selbst-
mordimpulse erfassten mich.

Innerer Kampf zwischen dem alten und neuen Weg
Ich begriff, dass irgendetwas an meinem Gottesbild und meiner
»Kraftquelle« falsch sein musste, wenn ich in schwierigen Le-
benssituationen immer wieder so tief fiel und wenn Halt, Hoffnung
und Zuversicht völlig aus meinen Empfindungen und Überlegungen
verschwanden. Aber ich glaubte doch durchaus an einen Gott? Was
war falsch an meinem Gottesbild? Oder ging es bei all dem um die-
sen Jesus, der mir in der Bibel und den kurzen Geschichten so hoff-
nungs- und kraftvoll entgegenleuchtete. Ängste und Vorbehalte
stürzten auf mich ein und ich hatte einen großen inneren Druck. Ich
verband mit dem Christentum nur Enge und Ernsthaftigkeit. Doch
meine alten Rettungsmuster aus Lebenskrisen kannte ich und ich
scheute aus tiefsten Herzen den erneuten Kraftaufwand, den es mit
sich bringen würde, wieder aufzustehen. Außerdem – für was denn?
Um mich einigermaßen wieder aufzurichten und irgendwie – mehr
schlecht als recht – weiterzuleben? So stand ich mit dem Rücken an
der Wand, aller eigenen Kräfte und Lösungsversuche müde gewor-
den, und mir gegenüber »stand« Jesus, mit dessen Lehre ich eher
Unangenehmes und Gesetzlichkeit verband. Einerseits hatte ich
Angst, in das alte Leben und seine schmerzhaften Wiederholungen
zurückzukehren, der mögliche neue Weg vor mir machte mir jedoch
genauso viel Angst. Hinter mir waren Druck und Enge durch innere
Zwänge, ja alles richtig machen zu wollen, damit mich möglichst
keiner ablehnt. Und vorne waren mögliche Enge und Gesetz durch
christliche Normen. Aber in mir stieg eine erste Ahnung auf, dass in
einer Hinwendung zu Jesus Christus eine reelle Chance bestehen
könnte, von meiner Menschenfurcht und Hoffnungslosigkeit befreit
zu werden.

Im zweiten Schritt der Anonymen Beziehungssüchtigen sollten wir neben der zunehmenden Gewissheit, dass es einen Gott
geben muss, immer wieder prüfen: macht dieses Gottesbild mich
gesund und überwinde ich damit mein Suchtverhalten? Bei aller
Überzeugung, die wir über eine bestimmte spirituelle Aus-

richtung haben, müssen wir uns, spätestens bei gleich bleibenden und sich wiederholenden Lebensproblemen nüchtern und selbstkritisch fragen, ob unser Gottesbild in Ordnung ist und ob die religiöse Ausrichtung, der wir uns angeschlossen haben, noch die richtige ist. In diese gesunde Erschütterung hinein können wir den ersten zarten Gedanken zulassen, dass in Jesus Christus unsere Lebensfragen und -probleme tragende Antworten und Lösungen erhalten können.

2.3 In die Arme Gottes fallen

Wir trafen die Entscheidung, unseren Willen und unser Leben der Fürsorge Gottes anzuvertrauen und baten Jesus, Herr und Hirte unseres Lebens zu sein.

Viele von uns haben durch zahlreiche Gespräche und Literatur mittlerweile erkannt, dass sich die Suchtneigung nicht nur auf den Bereich bezieht, dessentwegen wir vielleicht einmal eine Selbsthilfegruppe aufgesucht haben. Der heutige Mensch weiß sehr viel über sein Inneres und neben dem Schrecken oder auch der Freude über seine Entdeckungen trägt er oft schwer an seiner Wissenslast. Dieses Wissen hat viele nicht freimachen können von ihrem süchtigen Bedürfnis, Menschen (vor allem sich selbst) und Ereignisse zu kontrollieren.

Wir brauchen jemanden, von dem wir wissen, dass er alles unter Kontrolle hat und wir brauchen jemanden, bei dem wir uns mit unseren Gefühlen, Wünschen und Sorgen bedingungslos angenommen fühlen. Nur durch die konkrete Erfahrung, dass ich mit meinen Gefühlen und Bedürfnissen geliebt werde, kann ich aufhören, durch die Fixierung auf »Objekte« mein Innenleben zu kontrollieren. Im dritten Schritt werden wir aufgefordert, eine konkrete Entscheidung zu fällen und unsere Last und Sorge an Gott abzugeben.

Nach Tagen inneren Ringens siegte meine Sehnsucht und meine Neugierde auf diesen Jesus, der, wie das Büchlein und Bewohner

der Pension zeigten, das kaputte Leben eines Menschen wieder ordnen kann. Am 18. August ging ich in meinem Zimmer auf die Knie
und betete zu Jesus:

Tagebucheintragung vom Donnerstag, den 18. August 1994

*Gegen 17.00 Uhr habe ich, unter Tränen und Zittern, Jesus
Christus gebeten, in mein Herz zu kommen, damit die »inneren Räume nicht mehr mit Angst angefüllt werden können«
(lese gerade »Der Angriff der Liebe«, von Wilhard Becker[26], der
von unseren »inneren Räumen« spricht. Tolles Buch). Jesus,
ich möchte mich öffnen für deine Liebe. Ich habe Angst vor deiner Nähe, Angst vor der Verantwortung, die daraus erwächst.
Doch wie heißt es so schön, schlimmer als das, was ich bisher
erlebt habe, kann es für mich nicht werden. Ich habe das
Schlimmste hinter mir (glaube ich).*

*Ich spürte zunächst nichts und war enttäuscht. Kein weißes Licht
erhellte das Zimmer und mein Erlebnis entsprach so gar nicht den
Geschichten aus dem Buch. Doch bereits einige Tage später im Gespräch mit einem Christen, der mir sehr bewegt seine Lebensgeschichte erzählte, kroch langsam ein neuer Gedanke, eine erste,
zarte Gewissheit, in mir hoch: Jesus ist Gott. Bereits zwei Tage später bewahrte mich »dieser« Jesus davor, 800m in die Tiefe zu stürzen, als ich unter Todesängsten an einem Bergabhang hing und
über eine Stunde keine Idee hatte, wie ich aus der Situation raus-
kommen könnte. Abends lag ich, noch ganz erschöpft von der körperlichen und seelischen Anstrengung des Tages, im Bett und hörte
mir von einer Kassette die bewegende Lebensgeschichte von »Rocky«
an, der einige Jahre mit der Band von Udo Lindenberg auf Tournee
gewesen war. Mich berührte sehr, wie er durch seine Entscheidung
für Jesus Christus einen inneren Frieden gefunden hatte.*

---

[26] Wilhard Becker; Der Angriff der Liebe; Hannover-Kirchrode 1965

Der neue Weg mischt sich noch mit dem alten Vertrauten

Neben meinen ersten Glaubensschritten, in denen ich mich für Jesus geöffnet hatte, begleitete mich die Weltanschauung des New Age noch einige Zeit weiter. Meine nächste Urlaubsstation war das Anthroposophische Zentrum in Dornach bei Basel. Ich war tief beeindruckt von der interessanten Bauweise und der großen Holzskulptur, die Rudolf Steiner, der Begründer der Anthroposophie, mit anderen zusammen angefertigt hatte: Jesus, der Menschenrepräsentant, als ausgleichende Kraft zwischen Ahriman, der uns zu Enge und Weltgebundenheit verführen will, sowie dem gefallenen Engel Luzifer, der uns zu Süchten und Weltflucht verführen will. Ein Gespräch mit einem Anthroposophen, der in einer so genannten »Christengemeinschaft« aktiv ist, brachte meine Suche nach einer klaren Ausrichtung für mein zukünftiges Leben zu einer lang ersehnten Antwort: ich werde eine anthroposophische Christin. Sogar eine weitere Ausbildung zur anthroposophischen Pastorin war denkbar für mich. Eine mögliche Perspektive bahnte sich an. Zum Schluss meiner Urlaubs- und Berufsfindungsreise machte ich ein Wochenendseminar zum Thema »Anthroposophie und Menschheitsentwicklung« im Studienhaus Rüspe. Dabei wurden die Erkenntnisse der Astrologie, Astronomie und Anthroposophie miteinander in Beziehung gesetzt, und zwar in Bezug auf die mögliche Entwicklung der Menschheit in den nächsten Jahrtausenden. Es war faszinierend zu sehen, dass der einzelne Mensch, der ja immer wieder geboren wird, in eine evolutionäre Menschheitsentwicklung eingebettet ist. Mit Christi Geburt befänden wir uns im Fischezeitalter, das jetzt nach gut 2000 Jahren durch das »soziale« Wassermannzeitalter abgelöst werden wird bzw. sei dieses bereits in den Anfängen sichtbar. Doch mir schwirrten die Sinne von so viel Informationen über Astrologie, Astronomie, alte Kulturen, Mythologien und Kunstepochen. Auch dort wieder das lähmende Gefühl –, nach 13 Jahren Beschäftigung mit der Astrologie –, ich werde nie genug wissen. Und die bange Frage: Was muss ich denn noch alles lesen, wie viele Seminare muss ich denn noch besuchen, um bereits in diesem Leben gelassener zu werden und die grundlegenden Fragen meines

Lebens (Beruf, Beziehungen, Lebenssinn) in den Griff zu bekommen?

Gottes Humor bei meiner Suche nach einer Gemeinde

Mit meiner Antwort in der Tasche, eine anthroposophische Christin sein zu wollen, kam ich erleichtert wieder zu Hause an und suchte im Telefonbuch unter den freien Kirchengemeinden nach der entsprechenden Adresse. Ich las »Freie Christengemeinde« und dachte, dass es sich um die besagte »Christengemeinschaft« handelt, deren genauer Name mir entfallen war. Sehr aufgeregt fuhr ich am 11. September zum Gottesdienst und stand, zu meiner großen Enttäuschung, vor verschlossenen Türen: Gemeindeausflug. Wer wollte, konnte gerne zu der angegebenen Adresse nachkommen. Ich fühlte mich sehr einsam und sehnte mich so sehr nach dieser angebotenen Gemeinschaft, doch mir fehlte der Mut, dort hinzufahren. Ich suchte stattdessen eine benachbarte evangelische Gemeinde auf. Der Gottesdienst hatte gerade begonnen. Kaum, dass die Orgel eingesetzt hatte, fing ich an zu weinen. Ich konnte und wollte die Tränen nicht zurückhalten. Bei den Liedern, beim Abendmahl, zu dem ich nach vorne gegangen bin, habe ich ununterbrochen geweint. Der Schmerz über mein vergangenes Leben, über meine unerreichten Ziele, über meine zwischenmenschlichen Ängste und meine Einsamkeit raubte mir fast den Atem. Wie sollte denn dieser Lebensschmerz, der mich die letzten Jahre umklammert hielt, jemals ein Ende finden? Auf dem Weg nach Hause liefen die Tränen weiter.[27]

---

[27] Bei der erneuten Überarbeitung meines Textes wurde mir bewußt, dass ich die Zeitspanne von August bis zum Oktober 1994, also der erstmaligen Hinwendung für Jesus bis zur klaren Entscheidung nicht mit einigen wenigen »Federstrichen« abhandeln wollte. Bis Gott mir die Idee schenkte, diese intensive Zeitspanne einfachheithalber anhand meiner Tagebuchaufzeichnungen wiederzugeben. Sie würden diesen Prozess am lebendigsten wiedergeben. Ich schreibe seit meinem 12. Lebensjahr, die letzten zehn Jahre praktisch täglich. Und auch an dieser Stelle merkte ich wieder, wie alles von Gott von langer Hand vorbereitet wird bzw. wie er Leidenschaften und Hobbies, die wie ein roter Faden unser Leben durchziehen in seinem Sinne und für sein Werk nutzen kann.

Tagebucheintragung vom Sonntag, den 11. September 1994

*... Zu Hause angekommen, habe ich mir zwei Stühle gegen-
über gestellt und Sigrid (meine damalige Therapeutin) in
einen der Stühle gesetzt und einfach erzählt: »Weißt du, es gibt
so viel Schönes in meinem Leben, aber ich bin so unzufrieden,
unglücklich. Ich will die Einsamkeit meines Alltags in O. nicht
annehmen, verdammt, ich will nicht. Ich sehne mich nach
echter Nähe und Gemeinschaft ... Ich habe sooft in meinem
Leben keine gute Gemeinschaft gelebt.« Langsam kristallisierte
sich das dumpfe Schmerz- und Einsamkeitsgefühl zu klaren
Gedanken und Gefühlen. Mir wurde ganz bewusst, dass es
immer und ewig mein Problem war, dass ich oft zu schwach
und unvermögend im zwischenmenschlichen Bereich war, vor
allem in Spannungssituationen. Ich fühlte auch Liebe für mich,
weil ich mein Bestes gegeben habe, aber wie viele Menschen
habe ich »verloren«, weil ich in der Konfliktsituation zu angespannt und vor Angst wie benebelt war ... meine Selbst- und
Nächstenliebe war verschüttet von tiefer Angst; sie ist es häufig
immer noch, aber es wird besser. Gerade weil ich auch Schönes
zunehmend erlebe und die süßen Gefühle von fair ausgetra-
genen Schwierigkeiten spüre, wird mir bewusst, wie finster
meine früheren Jahre waren und wieviel Last ich durch mein
Getrenntsein von Gott angesammelt habe, bis mit 20 der erste
Zusammenbruch kam. Wie lebendig das Wort Gottes ist, wie
stark und vertrauensvoll. Nimm mich, Sünderin, zu dir lieber
Gott, Christus, heiliger Geist, ich brauche deine Liebe, um lieben
zu können. Gebe mir deine Strahlen, damit ich strahlen kann.
Ich brauche dich.«*

Tagebucheintragung vom Montag, den 12. September 1994

*... Wir sind alle nur Menschen, oft unfähig und schwach, das
Gute und Richtige zu tun. Unreif ist, von mehr auszugehen, bei
mir und bei anderen ... Bedaure aus ganzem Herzen meinen
ersten Schwangerschaftsabbruch (der die Lebenskrise bis hin*

zum zweiten Abbruch mit vorbereitet hat). Es tut mir aus ganzem Herzen Leid. Schade, dass ich nicht den Mut hatte, das Kind auszutragen. Ich fühle keine Schuld mehr, die mich lähmt. Nein, ich fühle Liebe mit mir, mit der unreifen, jungen Inge, die so eigensinnig und dumm war. Ich bedaure die Tat von ganzem Herzen.

Tagebucheintragung vom Freitag, den 23. September 1994

Lese gerade ein interessantes, anthroposophisches Buch von H. W. Schroeder über »Der Mensch und das Böse«.[28] Das »Böse« ist real und mir ist nochmal klar geworden, dass ich nicht gelernt habe, mit dem Aggressiven und Bösen umzugehen. Ich war mein Leben lang hilflos und überfordert im Umgang mit dem »Bösen«, sei es in lauter, sei es in sanfter Form. Das »Böse« in mir habe ich auch lange verdreht und weggeschoben, bis ich es langsam annehmen konnte, mein Sündiggewordensein.

Erster Gottesdienst in der Freien Christengemeinde

Am 2. Oktober fuhr ich wieder erwartungsvoll zum Gottesdienst der »Freien Christengemeinde«, von der ich annahm, dass es die anthroposophische »Christengemeinschaft« wäre – und war total enttäuscht. Kein Bild von Rudolf Steiner, keine anthroposophischen Begriffe. Ich war bei ganz normalen Christen gelandet! Und die wollten, das wusste ich, nichts von Reinkarnation wissen. Doch waren diese Christen wirklich normal? Einige hoben beim Singen die Hände, beteten sehr intensiv und viele sahen so zufrieden aus. War ich hier vielleicht in einer Sekte gelandet? Der gemeinsame Kaffee und der herzliche Abschied vom Pastor berührte tief meine Sehnsucht nach Gemeinschaft und Austausch. Doch dies war ja nun leider nicht der Ort,` zu dem mein Welt- und Gottesbild passte.

---

[28] Hans-Werner Schroeder; Der Mensch und das Böse; Ursprung, Wesen und Sinn der Widersachermächte; Stuttgart 1984

Tagebucheintragung vom Montag, den 10. Oktober 1994
*Am letzten Samstag bin ich aus purer Einsamkeit wieder in die
»Freie Christengemeinde« zum Seminar »Führung durch den Geist«
gefahren. Ich dachte mir, Geist und Spiritualität sind mir ja nicht
fremd. Habe erst mal meine Vermutungen vom letzten Sonntag über-
prüft, dass ich nicht in der »Christengemeinschaft« gelandet bin, sondern bei zwar sehr lieben und lebendigen Christen (toller Pastor), die
aber mit Reinkarnation und Anthroposophie nichts am Hut haben.
Die so genannte »Wiedergeburt« sei nur in diesem Leben möglich.
Bei meiner Frage nach anthroposophischer Literatur von Rudolf Steiner lief die zuständige Buchverkäuferin etwas erschrocken und Hilfe holend in den nächsten Nebenraum. Mir war die Situation sehr
unangenehm. Warum lief die Verkäuferin so schnell weg? Hatte ich
etwas Schlimmes gesagt? Sie kam mit einem Mann zurück, der versuchte, mir behutsam ihren gänzlich unterschiedlichen Standpunkt
deutlich zu machen[29]. Ich war verwirrt und bekam wieder stechende
Kopfschmerzen. Ich wollte wieder nach Hause, wusste jedoch, dass
es mir da noch schlechter gehen würde, da das Buch von Rudolf Steiner, das ich gerade lese, nach dem Gespräch in der Gemeinde nicht
mehr unbelastet für mich war. Also ging ich in das angebotene Seminar, was mir gut gefallen hat. Der Pastor Lothar Krauss ist wirklich
sehr interessant und lebendig ... Warum glauben die Christen nicht
an Reinkarnation? Was, lieber Gott, ist richtig? Gibt es sie? Ich habe
soviel darüber gelesen und für mich liegt sie auf der Hand. Bitte gib
mir eine Antwort ...[30] Die »Christengemeinschaft« gibt es wohl*

---

[29] Diese zunächst unangenehme Erfahrung hat mir sehr deutlich gemacht, wie wichtig
es für einen Christen sein sollte, sich zumindest mit einigen Grundaussagen der
New-Age-Szene vertraut zu machen und vor allem die Sehnsucht nach Gott im Herzen des anderen zu sehen. So können wir dem suchenden Menschen ruhig und souverän begegnen

[30] Ich hatte meine Überzeugung von der Reinkarnation vor allem durch die Schriften
von E. Kübler-Ross gewonnen, die im Gespräch mit Sterbenden nur von schönen und
guten Nahtoderlebnissen gehört hatte. Später erfuhr ich auch von Nahtoderlebnissen, in denen Menschen unmittelbar nach dem Aufwachen auch von Höllenerfah-
rungen berichteten. Dann wurden diese Erlebnisse oft verdrängt (M. Raylings, Jenseits der Todeslinie, CH-Baden; die Sterbeforscher B. Greyson und N. Bush,
Psychiatry 55/1992, zitiert in: Was kommt nach dem Tod? Faltblatt von DER AUF-
TRAG, Schlossgasse 1, 86857 Hurlach.)

*nicht in O. Ich bin sehr traurig. Es wäre zu schön gewesen, diese
Menschen wenigstens mal kennen zu lernen ... Was ist die Wahrheit? Können sich denn so viele Christen irren? Oder irren sich
die Reinkarnationsanhänger? Goethe, Steiner? Haben sie sich
alle geirrt?*

Tagebucheintragung vom Montagabend, Fortsetzung

*Am Sonntagabend bis 23.00 Uhr mit Birgit zusammengewesen, war schön. Zwischendurch habe ich geweint, dass
ich so traurig über vieles aus meinem Leben bin, dass ich
mich manchmal so einsam fühle (Jennifer war weit weg, mein
Kontakt zu Anke bröckelt immer mehr ab etc.). Dass ich
Sehnsucht hätte nach Gemeinschaft, Verbundenheit, nach
einem Partner, klare berufliche Identität, nach einer guten
Kirchengemeinde. Ein kleines Wunder geschah: der Druck in
meinem Kopf, diese starken Anspannungen ließen nach und
ich fühlte mich richtig befreit. Ich war froh, Birgit meinen
Schmerz gezeigt zu haben. Ich gehe mittlerweile auch im Kontakt mit anderen ehrlicher mit diesem Grundschmerz um.
Das Zurückhalten verspannt mich und macht mich total
krampfig ... Heute leider wieder starke Spannungskopfschmerzen, leichte Übelkeit. Heute habe ich ein schönes Bild
gehabt, wo ich Egon mit seinen Stärken und Schwächen gesehen habe und ich fühlte menschliche Wärme für ihn, keine
Sucht, keine Sehnsucht und auch keinen Ärger. Mit diesen
Schwächen konnte er als Partner nicht der Richtige für mich
sein. »There are a lot of things, you can do with sand, but do
not try, building a house on it.« Das passt zu Egon und mir.
Unsere Sandspiele waren wunderschön, ich habe mit keinem
Mann soviel gelacht wie mit ihm. Aber ein Haus konnte ich
mit ihm nicht bauen ... Ich habe Lust, Häuser zu bauen ... Lieber Gott, lass mich erkennen, welche Häuser du mit mir vorgesehen hast. Das erste feste Haus baue ich mit dir ... Ok, ich
bin ja oft so ungeduldig, will am liebsten gleich alle Häuser
bauen (Partnerschaft, Beruf ...), aber ich sehe ein, dass ich
einen Schritt nach dem anderen setzen muss. Erst das leben-*

dige Haus mit dir. Aber, wenn ich ehrlich bin, habe ich Angst vor diesem Haus. Bin ich überhaupt schon eingetreten? Nein, ich habe Angst. Wovor denn? Jesus, hilf mir, in das Haus zu gehen. Wieso ist Angst vor Liebe da, ist das nicht verrückt? Ich denke dann gleich an die Verantwortung, die aus einer absoluten Hingabe erwächst. Ich sträube mich wie ein wildes, freies Pferd, das vor dem Stall steht. Das Pferd hat Wunden, weiß, dass die so genannte Freiheit oft auch Abhängigkeiten sind, aber es will nicht in den Stall. Das Alte ist vertraut, aber das Pferd will eigentlich auch nicht mehr in dieses »freie Land«. Es hat genug Wunden, es sucht eine Heimstätte. Doch was ist hinter der Tür? Es ist neugierig, gleichzeitig ängstlich. Vielleicht ist es kein Stall, vielleicht ist hinter der Tür ein großes, weites Land, halt ein anderes Land. Lieber Gott, ich habe solche Angst, mich hinzugeben, mir ist schlecht vor Angst.

Kritische Fragen an Gottes Wort und Seine Antwort
Verschiedene Fragen plagten mich: Könnte mich der Vater, von dem in der Bibel die Rede ist, als Frau wirklich trösten? Würde ich eine Gemeinde finden, die mich mit meinen Fragen und kritischen Anmerkungen in Bezug auf das Frauenbild in der Bibel und in unserer Gesellschaft ernst nimmt? Wie sollte ich denn nun mit meinem Glauben an Jesus und an die Reinkarnation die richtige Gemeinde finden? Und ich meinte, wissen zu müssen, ob das Böse nun auch von Gott kommt oder nicht. Des Weiteren stand ich vor einem Rechtsstreit mit meinem vorherigen Arbeitgeber. Über die Gewerkschaft hatte ich ihm einen eigenen Zeugnisentwurf zukommen lassen. Er hatte den Textvorschlag wohl übernommen, war jedoch bei der schlechten Arbeitsbeurteilung geblieben. Mein Rechtsanwalt empfahl mir, weiterzugehen und zu klagen.

Tagebucheintragung vom Donnerstag, den 13. Oktober 1994
Gestern und heute Morgen viel in der Bibel gelesen und in kleinen evangelistischen Schriften ... Ich spüre ganz deutlich, dass

der Kern des Christentums richtig ist: die Umkehr und Hingabe an Jesus Christus. Gestern Abend habe ich ihm spielerisch die Tür aufgemacht, einen Platz angeboten und ihn nochmal gebeten, in mein Herz zu kommen. Es passierte nichts. Ich denke immer, es müsste etwas passieren, ich müsste einen Unterschied in mir spüren. Ich habe doch schon so viel von solchen Erlebnissen gehört. Ich weinte. Jesus, sag mir, was steht zwischen uns, gib mir die Antwort, nimm mir meine Angst, meinen Widerstand. Nimm mir meine ständigen Kopfschmerzen. Hilf mir! Bevor ich zu Bett gegangen bin, stellte ich den »Jesusstuhl« zur Seite und lud Jesus ein, sich in meinem Zimmer ein schönes Plätzchen zu suchen. Ich spüre, er ist noch hier. Heute Morgen habe ich tief in mir seine Antwort gespürt: »Ich sehe dein Ringen mit so vielen Fragen, die dir Kopfschmerzen bereiten und ich nehme Dich ernst damit. Doch ich sehe auch dein Herz und das sehnt sich nach Liebe. Lass dich lieben, Inge.«

Nochmals beschäftigte ich mich mit der »Beinahe-Absturz-Situation« in der Schweiz. Neue Gedanken waren mir dazu gekommen:

Tagebucheintragung vom Donnerstagabend, Fortsetzung
Ich bin in die Gefahrenstelle gegangen, als ich mich körperlich gut und kraftvoll gefühlt habe; wie groß ist die Verführung, sich in Gefahr zu begeben, sich zu überschätzen, wenn es einem gut geht. Ich denke, im Glücklichsein, ohne festen Halt im Glauben, steckt die Gefahr des Übermutes ... Ich habe mir meine Probleme oftmals selbst geschaffen. Die Liebe Gottes lässt mich in meiner Freiheit eigene Entscheidungen fällen und viele Fehlentscheidungen haben mich in den jetzigen grundlegenden Schmerz gebracht; ich habe einen hohen Preis für meine Sünden bezahlt. Jetzt verstehe ich auch meinen neidvollen Wehmut besser, als Lothar Krauss und Linda (ein Mitglied aus der Gemeinde) mir erzählten, dass sie bereits mit 14 und 15 Jahren zu Jesus

gefunden hätten. Sie haben sich dadurch einigen Schmerz »erspart«, daran lässt sich nichts drehen, das ist so. Ich habe in der Oberstufe schon einiges in der Bibel gelesen, hatte dieses Erlebnis aber nicht. Ich war zu stark in der kirchlichen, patriarchalen Theologie von Angst, Scham und Schuld gefangen, um die leise, liebevolle Stimme Gottes vernehmen zu können. Dies macht mich zornig und traurig. Gleichzeitig bin ich froh, das alles zu erkennen, und den katholischen Ballast allmählich abwerfen zu können ... Folgende Begriffe müssen in diesem Zusammenhang sauber getrennt werden: »Sünde« heißt, getrennt sein von Gott und »Beichte« ist ein wertvolles Angebot, damit das Trennende nicht mehr zwischen mir und Gott steht. Durch die Sünde wird der Mensch schuldig und ängstlich. Das sind Tatsachen, die den Menschen zur Umkehr und Befreiung führen sollen. Mich haben die Begriffe jahrelang geknebelt und gefesselt, weil Menschen mir Falsches von Gott erzählt haben. Ich fühlte mich (lange unbewusst) nicht würdig für die Liebe und Erlösung. Gefangen in Schuld und Scham habe ich Fehlentscheidung an Fehlentscheidung gereiht und bin mehr und mehr in Schuld- und Schamgefühlen versackt. Teilweise waren diese Gefühle gesund, weil ich spürte, ich hatte gegen mein Gewissen gehandelt, aber meistens waren sie überzogen und krank. Bis ich dann im Frühling '88 begann, wieder nach Gott zu fragen. Was das Traurige und Tragische ist: ich musste erst mal ein Stück selbstbewusster und freier werden, um die »Frohe Botschaft« neu an mich ranzulassen. Im schlimmsten Leid, in der tiefsten depressiven Verstrickung mit Mitte 20 konnte Gott nicht zu mir durchdringen. Ich fühlte mich innerlich viel zu klein, um in einer gesunden Weise offen und sehnsüchtig zu sein. Würde ich mich Gott zuwenden, würde ich, so nahm ich an, zusätzlich bestraft werden. Da, wo man Gott am meisten braucht, gehorcht man letztlich doch oft dem Teufel ... Ach, du neues Leben, komm in mein Herz. Ich bin ein schönes Geschöpf, ich habe Besseres verdient als zu leiden. Jesus, mein ganzes Leben hast du auf mich gewartet. Ich bin zu-

versichtlich, dass ich eines Tages bei dir bin. Ich habe Bindungsangst, ich spüre es. Aber der alte Weg hat mich nicht glücklich gemacht. Vieles hat dazu beigetragen, mich für dich zu öffnen (12-Schritte-Programm, das Buch von Norwood, Urlaubsbesuche in Kirchen, die Natur etc.) und ich bin dankbar dafür. Ich stehe kurz vor der Verbindung, dem Weg mit dir. Ich brauche noch etwas Zeit.

Dass der Kern von Jesu Lehre die Liebe ist, die er mir so gerne schenken möchte, war eine große Erkenntnis für mich. Mein zweifelnder, überkritischer Verstand kam ein wenig zur Ruhe. Dennoch kehrte die Verwirrung nach einigen Tagen – von heftigen Kopfschmerzen begleitet – zurück. Kurze Momente der Ruhe und der Gewissheit über Gottes Nähe lösten sich ab mit langen Phasen übermäßigen Denkens und Zweifelns. Auch fragte ich mich immer wieder, ob ich nun bereits erlöst und gerettet sei oder nicht. Viele schöne Ruhemomente deuteten darauf hin, doch jede Kleinigkeit brachte mich wieder in den aus den letzten zwei Jahren vertrauten Zustand der Unsicherheit und Verwirrung zurück.

Gespräche mit Christen – Jesus wirbt weiter um mich
Tagebucheintragung vom Sonntag, den 16. Oktober 1994
Ich bin seit einigen Tagen frei von Spannungskopfschmerzen. Wunderbar ... Samstag bin ich zu den früheren Nachbarn Schmidt gefahren, die mein altes Fahrrad geschweißt haben. Gutes und fruchtbares Gespräch. Früher waren es für mich immer die sonderbaren und merkwürdigen Nachbarn, heute fühle ich mich ihnen sehr nah. Als das Gespräch auf die Anthroposophie und Rudolf Steiner kam, meinte Andreas Schmidt sinngemäß: Jesus allein reicht schon. Wenn es heißt, Jesus und ..., dann wäre er skeptisch. Ich stutzte. Wieso Jesus allein? Auch meinte er, Jesus stände im Mittelpunkt, die Art der Gemeinde sei nicht entscheidend. Er versuchte nicht einen Moment, mich in ihre Gemeinde, zu den Baptisten, »zu ziehen«. Und wieder merke ich: der Kern ist entscheidend, die Liebesbeziehung zu Jesus ... Heute Nachmittag Linda von

der »Freien Christengemeinde« getroffen, schöner, sonniger Spaziergang. Sie strahlt eine angenehme und freundliche Ruhe aus. Nach dem Gespräch mit Andreas Schmidt fühle ich mich ganz ruhig und sicher: ich reagiere nicht auf Versuche, mich in eine bestimmte Gemeinde zu bekommen (es sei denn, ich will es auch). Christus ist Mittelpunkt. Linda hat es auch nicht versucht. Ich habe ihr gesagt, dass ich mir eine Bibel kaufen will, sie will mich demnächst mit einigen biblischen Exemplaren besuchen. Ich bin ganz ruhig und friedlich: ist Jesus jetzt in meinem Herzen eingezogen?

Tagebucheintragung vom Freitag, den 21. Oktober 1994
Ich bin erkältet und leicht fiebrig. Ach, wie schön; den ganzen Vormittag in der kleinen Lutherbibel, die ich Anfang der siebziger Jahre in der Schule von Christen geschenkt bekommen habe, und in christlichen Texten gelesen. Besuch von zwei jungen Mormonen gehabt. Nein, ich glaube nicht, dass das mein Weg ist, zu verkrustet und patriarchal. Hole meine alten Tagebuchaufzeichnungen von 1978 vor, als Ulrike und ich auf unserer Amerikareise in Salt-Lake-City das Mormonenzentrum besucht haben. Der eine Mormone bittet mich, die Bibelstelle Johannes 14, 16 laut zu lesen, dass Gott uns einen Tröster geben wird, wenn Jesus die Erde verlassen hat. Ich bin skeptisch. Worauf wollen die hinaus? Ich lese laut die Stelle vor. Als ich eine Textstelle aus einem anderen, von ihnen mitgebrachtem Buch vorlesen soll, aus dem hervorgehen soll, wer dieser Tröster ist (John Smith wahrscheinlich), weigere ich mich. Sie lassen das Buch zurück und gehen ... Lese gerade wieder in dem Traktat von Wolfgang Richter, »Du brauchst nicht zu bleiben, wie du bist«, das mich schon im September '92 so berührt hatte, da ich bei der Geschichte vom verlorenen Sohn viel weinen musste. Ja, jetzt habe ich die Stelle wieder gefunden; Buße = umkehren, umdenken. Zurück zu Gott, in die Heimat – nicht mehr und nicht weniger. Ich will es tun. Der Rest wird sich geben. Wie schön, jetzt ist der Begriff nicht mehr so negativ, Scham und Schuld auslösend.

Erneuter »Absturz« und endgültiges Fallenlassen in Gottes Arme

Tagebucheintragung vom Sonntag,
den 23. Oktober 1994

Von Freitag Abend auf Samstag bei Bianca gewesen, um zusammen Fernsehen zu gucken. Ich weiß jetzt, dass es besser gewesen wäre, meinen Fernseher aus dem Keller zu holen und Zu Hause zu gucken, da ich noch immer fiebrig und müde war. Habe mich ein paar Mal über Bianca geärgert, war gereizt, dann totale Angstschübe, dass ich so meckrig, wie ich bin, Menschen vertreibe. Und wie es so ist, findet die Fantasie dann immer Bestätigung in alten Situationen. Panik, dass auch Bianca mich ablehnen könnte, weil ich zuviel sage, was ich denke und was ich mir wünsche. Sehr schlecht geschlafen, von Ängsten und Hoffnungslosigkeit gequält, vormittags totale Kopfschmerzen. Mittags habe ich über meine Angst mit ihr gesprochen, habe viel geweint, auch darüber, dass Anke und Jennifer »so weit weg sind«, dass so wenig lebendige Freundschaft möglich ist. Birgit ist sehr verständnisvoll mit meinem Schmerz umgegangen. Es ging mir besser. Anschließend waren wir bei Margrit (älteste Schwester und Mutter von Jennifer), um kurz etwas abzugeben. Margrit erzählte, dass sie nur Heiligabend da wären und Silvester alle zusammen weg sind. Jennifer sei mit Andreas ab dem 27. Dezember auf Borkum. Wieder im Auto bin ich total abgestürzt. Selbstmordgedanken überfluteten mich. Ich mag zum Jahreswechsel nicht allein sein. Warum ist Jennifer weg, immer hat sie Zeit für Andreas. Ich bin so müde, dieses ganze Leben ist so anstrengend. Auch Birgit hatte sich für Silvester bereits etwas vorgenommen. Ich war tief erschrocken: innerhalb von 24 Stunden war aus einem zufriedenen, kopfschmerzenfreien Wesen (ich hatte fünf Tage keinen Kopfdruck) ein total unglücklicher Haufen Mensch geworden ... Ich hatte mich überschätzt. Abends bei mir Fernsehen geguckt und langsam »zu mir« gekommen.

Tagebucheintragung vom Montag, den 24. Oktober 1994
*Gestern Vormittag war ich zunächst in der »Christengemein-
schaft« (ich hatte zwischenzeitlich erfahren, dass es diese
Gemeinde doch im Ort gab). Es hat mir überhaupt nicht gefallen, es war langweilig, trocken, ungemütlich, steife Atmosphäre ... In meiner Sehnsucht nach Gemeinschaft und Gebet
wäre ich gerne noch in eine mir unbekannte Gemeinde gegangen. Doch sonntags um 11.00 Uhr gab es nur noch eine Möglichkeit: Die Freie Christengemeinde. Also landete ich wieder
dort. Nach dem Gottesdienst gab es die Möglichkeit zum Gebet.
Galt das nur für Gemeindemitglieder? Ich war unsicher. Doch
in meiner Not fasste ich mir ein Herz und fragte denjenigen,
der in meiner Nähe stand und den ich von dem Gespräch über
die Anthroposophie bereits kannte. Er ermutigte mich, nach
vorne zu gehen und so bat ich Lothar Krauss um ein Gebet. Ich
erzählte ihm, dass mir dieses Wochenende schlagartig
bewusst geworden sei, dass ja bald wieder Weihnachten sei,
dass ich so einsam sei, kein Single mehr sein möchte. Ich
weinte, gleichzeitig befürchtete ich, dass er mich nicht verstehen könne. Er ging sehr ruhig auf mich ein. Beim Gebet legte
er seine Hand auf meinen Rücken. Nach einiger Zeit strahlte
seine Hand wohltuende Wärme aus. Nachmittags gehe ich in
die Badewanne, wieder war ich sehr angespannt und verkrampft. Lese in E.G. White: Der Weg zu Christus. Und stoße
auf folgende Stelle: »Wir sollten nicht in Angst und Furcht
leben, ob wir auch erlöst seien. Dies alles dient nur dazu, die
Herzen von der Quelle der Kraft abzuwenden. Übergebt Eure
Rettung Gott und vertraut ihm. Redet von Jesus und denkt an
ihn. Lasst das eigene Ich in ihm aufgehen.«[31] Die Worte schienen mir logisch und richtig. Und auf einmal werde ich ganz
ruhig. Völlig erschöpft, aber mit einer ruhigen Entschiedenheit
stehe ich auf und schreibe folgende Worte in mein Sprüche-
buch:*

---

[31] E.G. White; Der Weg zu Christus; Hamburg (ohne Jahresangabe)

»Alleine kann ich mein Leben nicht meistern. Ich übergebe meine Rettung Dir, Jesus Christus und Gott, und will Dir vertrauen. 23. Oktober 1994, 18.30 Uhr.«
Ich weiß, alleine ohne ihn, überschätze ich mich entweder oder werde abhängig und hörig. Ohne seine Liebe bin ich verloren.

Das leichte Joch von Jesus

Nach diesem Wochenendmarathon sitze ich vor dem Fernseher und gucke mir in aller Ruhe die ›Lindenstraße‹ an. Spätabends nehme ich mir noch mal die Bibel und lese:

> *»Kommet her zu mir alle, die ihr mühselig und beladen seid; ich will euch erquicken. Nehmet auf euch mein Joch und lernet von mir; denn ich bin sanftmütig und von Herzen demütig; so werdet ihr Ruhe finden für eure Seelen. Denn mein Joch ist sanft und meine Last ist leicht«* (Mt 11, 28-30).

Das traf mich mitten ins Herz. Ich hatte immer geglaubt, dass das Joch des Christentums wesentlich schwerer wäre als das normale Lebensjoch ohne Gott. Doch hier hörte ich was ganz anderes, und in einem Punkt war ich mir sicher: Das Joch, das ich mir in meinem wechselnden Lebensspiel von Größenwahn (»Gott sein wollen«) und Selbstanklage und Minderwertigkeitsgefühlen (»Sich wie ein Bettler und Sklave fühlen«) aufgelegt hatte, konnte und wollte ich nicht mehr tragen. Die Erkenntnis, die mir während der letzten ABM-Zeit bereits langsam bewusst wurde, stand ganz klar vor meinem geistigen Auge: mein ganzes Leben hatte ich immer wieder versucht, durch übermenschliche Leistung und Anstrengung beruflich und privat Anerkennung und Halt zu finden. Nun sah ich, dass es auf diesem Weg nicht möglich und auch nicht notwendig ist. Ich spürte, nein ich wusste es: Gott ist nicht eine irgendwie wirkende, die Materie gestaltende Energie. Gott ist lebendig. Jesus ist lebendig. Bei Jesus ist Ruhe.

Tagebucheintragung vom Montag,
den 24. Oktober 1994, abends
Regiert euch der Geist, so seid ihr nicht unter dem Gesetz (Gal 5,18). Ich habe das Gefühl, dass hier mein ganzes Lebensproblem vor mir steht und die Antwort darauf. Co-Abhängige handeln nach dem Gesetz, nicht nach dem Geist. Ich bin sehr unfrei, gehorche weltlichen Autoritäten. Ich danke dir, Gott, für das Licht. Nur so kann ich die Finsternis richtig erkennen. Ich bedaure von ganzem Herzen meine Sünde der Angst, die mich im »Gesetz« gefangen hält. Ich bin nie frei gewesen. Nur du, Geist, gibst die Kraft für das Freisein vom weltlichen Gesetz; was nicht bedeutet, dass man sich trotzig darüber hinwegsetzt. Das ist Revolte, und die zeigt deutlich ein Unfreisein. Nein, leben im Geist gibt mir die Kraft, die für mich sinnvollen Gesetze zu akzeptieren und mich nicht von den für mich sinnlosen Gesetzen beherrschen zu lassen. Du, Geist, bist die Autorität.

Tagebucheintragung vom Dienstag,
den 25. Oktober 1994
Heute gute Therapiestunde, bei der ich zu dem Satz »Regiert euch aber der Geist, so seid ihr nicht unter dem Gesetz« (Gal 5,18) eine Übung gemacht habe. Dabei habe ich dem strengen Gesetz (strenge, schwarz gekleidete Domina mit Peitsche) Grenzen gesetzt und noch ein gesundes, korrigierendes Maß an Gewissen übrig gelassen (gemütlicher, selbstbewusster, älterer Lehrer, der zwischen richtig und falsch unterscheiden kann).

Endlich »Zu Hause« , neue Ängste und Gottes Antwort
Das freiheitsliebende »Pferd« war durch die Stalltür in sein Zuhause zurückgekehrt. Verwundet, hungrig und erschöpft schaute es sich unsicher in seinem neuen Heim um. Das »Pferd« war verbindlich geworden, hatte sich an das göttliche Band binden lassen. Im freien Land hatte es sich, letztlich gefangen in Unverbindlichkeit und Orientierungslosigkeit, müde gelaufen. Das freie Land hatte sich als

Gefängnis der Abhängigkeit entpuppt. Jesus hatte auf meine Sehnsucht, das Gefängnis zu verlassen, reagiert und mir den Ausgang bzw. Eingang in seinen »guten Stall« gezeigt. Was würde mich in dem neuen Zuhause erwarten? Würde Jesus es mir möglich machen, Ängste abzubauen, gute Beziehungen aufzubauen und einen guten Beruf zu haben? War Gott auch etwas für den Alltag und die Kleinigkeiten? War die erste gute und süße Nahrung, die Gott mir bereits gegeben hatte, nur eine Eintagsfliege oder kann und will dieser Jesus mich auch dauerhaft satt machen?

Bereits zwei Tage später machte Gott mir deutlich, wie sehr ich in einem Grundgefühl des Mangels und Hungers gelebt habe, und dass er derjenige ist, der mich satt machen kann und will.

Tagebucheintragung vom Montag, den 31. Oktober 1994
Gestern wieder der Druck, diese Traurigkeit. Gegen Mittag wurde der Druck größer, ich fühlte mich verletzlich, dünnhäutig und wollte nicht Ankes mögliches »Eigentlich geht es mir nicht so gut« oder »Ich komme eben zum Tee« hören. Laut Absprache wollten wir alle 14 Tage sonntags etwas zusammen unternehmen. Ich wollte nichts mehr dazu sagen, dass es mir weh tut, wenn sie sich nicht mal alle 14 Tage auf ein gemeinsames Treffen freut. Ich wollte nicht mehr, wie so oft, um mehr gemeinsame Zeit kämpfen. Dann fiel mir Jennifer ein, dass sie vom 27.12 – 06.01.95 nicht da ist. Trauer, Abschiedsschmerz, Ärger. Ich versuchte, sie zu erreichen, um mich nicht länger damit zu belasten. Leider kein Erfolg. Ich zog die Telefonschnur raus. Ich flehte und betete zu Gott, er möge mir helfen, aber der Druck im Kopf wurde immer schlimmer. Dann nahm ich mir wieder zwei Stühle, setzte mich auf den einen – ich nannte ihn »Mangel« – und fing einfach an, auszusprechen, was in mir vorgeht. Einfach jammern, wehklagen, ohne darauf zu achten, ob es übertrieben ist oder ob es zuviel Selbstmitleid ist. Ich schüttete mein Herz aus und machte dabei eine interessante Entdeckung: da war kein lähmender Nebel von Schuld- oder Versagergefühlen, auch kein übermäßiger Groll auf andere. Da war einfach nur das Gefühl von ewigem Man-

105

gel und eine große Sehnsucht nach Sattsein. Mir wurde klar,
dass ich ständig auf die Zukunft hingelebt habe: im Beruf und
in Beziehungen. Ich habe gehofft, gewartet, gearbeitet, inves-
tiert für das Ereignis X. Ich war immer in der Vorbereitung von
etwas: eine berufliche Identität, eine feste Partnerschaft, eine
Familie, die Liebe meiner Eltern. Mein Brot war mehr die Hoff-
nung und wenig die konkrete Nahrung. Ich verleugnete Re-
alität, um für das Ereignis X zu arbeiten. Ich setzte dabei oft-
mals auf Sand, auf Luft und suchte nach einem Fels, einen
Zuhause ... Dann setzte ich mich – nach langer Zeit – auf den
anderen Stuhl. Er hieß »Nahrung«. Ich spürte eine Freude
darüber, dass ich es sogar im Zustand des Mangels doch
immer geschafft hatte, spontane und gute Nahrung zu besor-
gen und mit anderen zu teilen. Ich sah die vielen schönen
Stunden in meinem Studium, die Radtouren mit Heike, ich sah
mich als Kind in der Natur, ich sah mich mit Matthias das
Umland entdecken, ich sah die schöne Freizeitgestaltung mit
Egon, mit Anke und Jennifer. Mir fiel ganz deutlich auf, dass
ich in meinem Leben – Gott sei Dank – viel Nahrung an punk-
tuellen, schönen Erlebnissen gehabt habe, aber dass zu wenig
Nahrung an Stabilität und intakten Beziehungen vorhanden
war. Ich spürte Gott in mir als Fels, Halt und »Nahrungsge-
ber«. Ich saß auf meinem »Nahrungsstuhl« und war richtig
glücklich über meine Entscheidung, mit ihm zu gehen. Durch
dieses zunehmende, wunderbare Gefühl merke ich, was ich
mein ganzes Leben entbehrt habe ... Ich stand auf, badete aus-
giebig und machte mir einen schönen Nachmittag mit Kerze,
Kaffee und Buch.

Hoffnung für eine neue Zukunft
Ich hatte an Stellen nach Halt und Stabilität gesucht, an denen es
keinen wirklichen Halt gibt. Nicht selten habe ich dabei mich selbst
und andere überfordert. Eine aufregende Vorstellung ergriff mich:
sollte es mir durch eine gute und nahrungsspendende Bindung zu
Gott möglich sein, mehr auf das schauen zu können, was mir an
Zuwendung und Zeit geschenkt wird, als immer wieder auf das, was

dieser Mensch mir nicht geben möchte oder kann? Und sollte es mit Gott gar möglich sein, eines Tages in stabilen Arbeitsverhältnissen und Beziehungen zu leben?

An dieser Stelle, bei unserer Entscheidung für den »richtigen Gott«, zeigt sich am deutlichsten, wie gut wir mittlerweile für uns sorgen können. Unser Ziel ist die Überwindung unserer Süchte. Wir sollten unser Leben nur einem Gott anvertrauen, der sich als vertrauenswürdig erweist. Und eine Vertrauensbeziehung ist nur zwischen zwei personalen Wesen möglich, erst da ist die Frage nach dem Vertrauen überhaupt relevant. Wie kann ich Vertrauen haben zu einem unpersönlichen, unspezifischen »Es«, mit dem ich nicht reden kann. Bevor ich den lebendigen Gott, Jesus Christus, »gefunden« habe, habe ich mich bereits oft im Gespräch an meine allumfassende, unpersönliche Macht gewandt, ohne den Widerspruch zu bemerken. John Bradshow schreibt in seinem Buch »Wenn Scham krank macht«, dass die Beziehungen unter Menschen erst dann erkrankten, nachdem die vertrauensvolle Primärbeziehung zu Gott im Paradies gestört war. Diese vom Menschen herbeigeführte Trennung hinterließ ein tiefes Mangel- und Misstrauensgefühl. Die erneute Wiederherstellung dieser vertrauensvollen Ursprungsbeziehung zu Gott, unserem Schöpfer, sei die Voraussetzung für die Heilung der menschlichen Beziehungen.[32]

Beim dritten Schritt entfaltet sich der erste Schritt der Kapitulation erst in seiner ganzen Tragweite. Gott sagt in seinem Wort, dass er den Demütigen Gnade gibt (1. Petr 5, 5). Nicht selten wird mit diesem Satz ein tyrannischer, kühler Gott verbunden, vor dem ich mich erst klein und krumm machen muss, damit er sich meiner erbarmt. Dagegen bezeugt die Bibel an mehreren Stellen, dass wir ohne Angst, ja sogar mit Kühnheit zu Gott kommen sollen. Doch Gott kann seine Liebe, Vergebung und Gnade doch nur dem offenbaren und schenken, der erkennt, dass er sie braucht, und der offen dafür ist, die Liebe Gottes zu empfangen. Demut heißt, sich seine Bedürftigkeit und Schwachheit einzugestehen.

---

[32] John Bradshow; Wenn Scham krank macht; München 1992

Wenn ein beziehungssüchtiger Mensch erkennt, dass kein Mensch – auch nicht er selber – seinen inneren Hunger stillen kann, hat Gott eine reelle Chance, diesen Menschen satt zu machen. Kapitulation ist ein Prozess, der im Allgemeinen damit beginnt, Austausch und Hilfe zu suchen. Er endet in den liebenden Armen Gottes und in der Erkenntnis, dass man für seine innere Not und dem Gefühl der Bedeutungslosigkeit auf menschlicher Ebene im begrenzten Rahmen wohl Zuwendung und Erkenntnis, aber keine grundlegende Befreiung finden kann.

3. Teil

Ein Ort der Freiheit und Geborgenheit

Der ist wie ein Baum,
gepflanzt an Wasserbächen,
der seine Frucht bringt
zu seiner Zeit, und seine
Blätter verwelken nicht,
und was er macht, gerät wohl.

Psalm 1, 3

Das, was ich immer als Enge des Christseins gefürchtet und gemieden habe, erwies sich bald nach meiner Entscheidung als genau diejenige Lebens- und Denkrichtung, die Weite und echte Freiheit überhaupt erst möglich macht. Ich lebe erst ansatzweise in dieser befreienden Weite, weiß jedoch, dass mit der entschiedenen Hinwendung zu Jesus Christus gleichsam die Tür zur Freiheit aufgestoßen worden ist.

Ich bin jetzt gut fünf Jahre Christ und habe festgestellt, dass das befürchtete miefige, dunkle, enge und freudlose Stallleben, das ich früher mit Christentum assoziiert habe, eine große und tragische Lüge ist. Der »Stall« von Jesus ist im Grunde ein großes, wunderbares Land, in dem innerhalb bewahrender und guter Grenzen ein Leben echter Freude und Fülle möglich ist. Ich habe in den fünf Jahren einige äußere und innere Kämpfe durchgemacht und manches Problem habe ich erst, gerade weil ich Christ bin. Und doch ist überwiegend Frieden und Freude in meinem Herzen, Gelassenheit

109

trotz innerer und äußerer Stürme nimmt zu. Nach dieser Gelas-
senheit habe ich mich seit meiner Jugendzeit gesehnt. Und ich
wachse in eine innere Gewissheit hinein, von einem wunderbaren
und starken Gott umgeben zu sein, der eine ganz eigenständige
Persönlichkeit ist – mit Gedanken, Gefühlen und einem guten Wil-
len für uns Menschen. Nicht selten habe ich noch mit Menschen-
furcht und innerer Unsicherheit zu tun, doch Gott nimmt mich seit
fünf Jahren mit auf eine Reise zunehmender Stabilität. Es ist ein
ständig aufwärts steigender Prozess, nachdem ich vorher, trotz
scheinbarer Fortschritte, letztlich immer weiter abwärts steigend
mit 36 am »Schweinetrog«³³ gelandet bin.

Der Anfang war schwierig. Ich war nicht verliebt in Jesus. Ich
hatte oftmals Angst vor ihm, von dem ich ja nun wusste, dass es ihn
gibt. Im folgenden Kapitel möchte ich den Leser ausschnitthaft an
dem zeitweise sehr schwierigen Prozess der letzten Jahre teilhaben
lassen. Es war für mich kein einfacher Weg, bis ich begriff, dass Gott
uns in seiner Liebe nicht nur verwöhnen und trösten, sondern tief-
greifende Herzensveränderungen vornehmen möchte. Er möchte
das verhärmte und verbitterte Herz aufweichen, damit es fähig
wird, Liebe zu empfangen und Liebe zu verschenken. Und ein zer-
fließendes, grenzenloses oder sehr schwankendes Herz möchte er
fest machen.

Für diesen »Liebelernprozess« ist es sehr wichtig, einen völlig
neuen Blickpunkt für die Bewertung bestimmter Situationen und
Lebensthemen einzunehmen. Wir müssen lernen, die Dinge und
uns selbst aus Gottes Sicht zu betrachten. Wenn wir z. B. vom
Herzen her begreifen, wie Gott uns wertschätzt und dass wir von
ihm gewollt und geschaffen sind (Ps 139), dann verändert sich
die »innere Schallplatte mit Sprung«, die uns immer wieder in die
Gefühle der Minderwertigkeit hinabziehen will.

---

³³ Der »verlorene Sohn«, von dem das Lukasevangelium in seinem 15. Kapitel berichtet,
landet nach vielen Jahren der Prahlerei und des Egoismus beim Schweinehüten, wo
ihm sogar das Schweinefutter verwehrt wird. Dieses körperliche und geistliche Aus-
gehungertsein bringt ihn zur Einsicht und Umkehr.

3.1 Befreit für Gottes Perspektive und Wahrheit

Vor unserer Entscheidung für Gott stehen wir selbst und unsere jeweilige Sichtweise im Mittelpunkt unserer Lebensbezüge. Nach der Entscheidung für Gott kommen diese alten Sichtweisen und Lösungsansätze, auf zwischenmenschliche Probleme zu reagieren, immer wieder in eine Spannung zu der Sichtweise Gottes, der uns zu neuen und gesunden Bewältigungsmustern verhelfen möchte. Um deutlich zu machen, wie wichtig es für unsere Heilung von ungesunden Beziehungsmustern ist, die Sicht und Wahrheit Gottes einzunehmen, möchte ich einige Grundgedanken zu der »anthropozentrischen Sichtweise« vorausschicken:

a) Der Mensch im Mittelpunkt

Grundlage für die vielen kleinen und größeren Entscheidungen, die der Mensch fällen darf oder muss, ist normalerweise er selbst. Er bewertet, beurteilt und wählt die Dinge aus seiner Sicht. Auf der Grundlage seines Verstandes und seines Empfindens, in Anlehnung an andere Meinungen, die ihm durch Bücher und Medien vermittelt werden, versucht er eine für ihn zurzeit richtige Entscheidung zu fällen. Dies ist bei der Toleranz und Vielfalt heutiger Lebens- und Denkformen keine einfache Angelegenheit. Im Allgemeinen hat er die Freiheit, zwischen verschiedenen Nahrungsmitteln, Alltagsgegenständen, Wohnformen, Berufen und Mitmenschen zu wählen. Schnelle Verkehrsmittel und kurze Verkehrswege ermöglichen ihm die Pflege vieler Beziehungen und das spontane Befriedigen unterschiedlicher Bedürfnisse. Jedoch darf er nicht nur entscheiden, er muss auch entscheiden, wenn er nicht in Apathie und Lebensuntüchtigkeit verfallen will. Nicht wenige sind mit der freien Auswahl überfordert und reagieren zunehmend mit Unentschlossenheit und Gelähmtheit. Doch einige setzen sich hier auch unter einen enormen Druck, da sie annehmen, dass man sie für schwach und unerwachsen halten könnte, wenn sie in bestimmten Lebensbereichen nicht gleich wissen, was sie wollen. So wird manche Entscheidung zu mühsam oder gar nicht gefällt bzw. zu spontan und unüberlegt.

Der Preis für diese Freiheit, »nach eigener Fasson« Leben gestalten zu dürfen (und zu müssen), bringt nicht selten eine ständige innere Unruhe und Infragestellung der vorher gefällten Entscheidung mit sich. Dies ist bei der Frage, wie ich das Wochenende gestalte, vielleicht noch nicht so schwerwiegend, obwohl auch dieses bereits für viele mit Stress verbunden ist. Bei der Partner- und Berufswahl kann dies zu einem Dauerkonflikt führen, der sehr viel Kraft kostet.

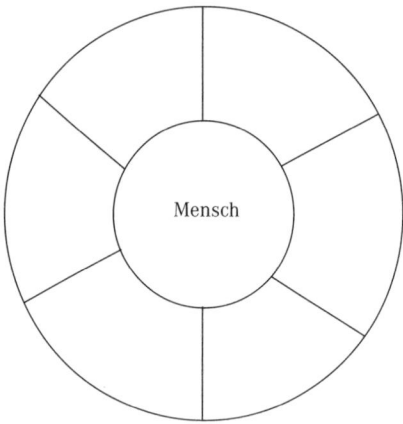

Abb. 1: Der Mensch im Mittelpunkt seiner Lebensfragen.

Orientierung am anderen

Zur Entscheidungshilfe orientiert sich der Mensch im Allgemeinen an dem »klugen« Mitmenschen, dem Wissenschaftler oder Buchautor; vor allem werden die alten, überlieferten Meinungen als richtig angesehen. So ist der Mensch wohl notgedrungen ein evolutionäres Zufallsprodukt, wenn Wissenschaftler dieses seit eh und je behaupten. Und wer stellt denn das Gedankengut eines Immanuel Kant, Lessing, Schiller oder Sokrates infrage? Wir glauben nicht, dass sich diese Dichter und Denker geirrt haben können, dabei haben gerade sie durch ihre Anbetung der Vernunft und des Verstandes (Kant) oder des religiösen Toleranzbegriffes (Lessing) das christliche Gedankengut ausgehöhlt und den Menschen in eine Freiheit gestellt, die ihn nicht selten überfordert und krank macht. Es geht nicht um eine pauschale Ablehnung oder Kritik an wissenschaftlichen Erkenntnissen oder den oft mühsam errungenen Werken von Philosophen und Schriftstellern. Mir wurde jedoch auf dem humanistischen Gymnasium das Gedankengut der Evolutionstheorie oder das der oben erwähnten Männer als jeweils letzte und richtige Denkweise vermittelt. So, als wenn daneben nichts anderes denkbar wäre – z. B. die Lehre von der Schöpfung, dass also der Mensch nicht vom Affen abstammt. Demzufolge wird ein bestimmtes Gedankengut nicht infrage gestellt und von Generation zu Generation weitergegeben.

Oder wir haben unsere »modernen« Gurus, denen wir glauben und die uns Orientierung geben sollen. In vielen Sekten und religiösen Ideologien stehen so genannte weise Führer, die sich als unmittelbares Sprachrohr Gottes deklarieren, im Mittelpunkt. Manche treten von vornherein mit dem Anspruch auf, Gottes Sprachrohr zu sein, andere werden erst durch die Anhänger dazu gemacht (Dalai-Lama im Buddhismus, die Wachturmgesellschaft bei den Zeugen Jehovas, Gabriele Witteck vom Universellen Leben; Guru Maharishi Mahesh Yogi, der die Transzendentale Meditation begründet hat, etc.)[34] Für viele Frauen ist zurzeit das Ideal von der unabhängigen, spirituellen, starken und doch zugleich weiblichen Frau erstrebenswert, wie es aus meiner Sicht z. B. Christine Kaufmann in ihrer eigenen Person vermitteln will. Doch wir sehen oft nicht, wie viel Einsamkeit und Gebrochenheit diese »modernen Gurus« hinter ihrer lächelnden Maske verbergen.

[34] H. Gasper, J. Müller, F. Valentin; Lexikon der Sekten, Sondergruppen und Weltanschauungen; Freiburg 1990

Orientierung an sich selbst

Oder der Mensch richtet sich nach dem, was sich für ihn »richtig anfühlt«. Er lehnt überlieferte Meinungen ab und denkt, dass alle Wahrheit und Weisheit in ihm selber ist, eben nur verschüttet durch Erziehung und gesellschaftliche Fremdbestimmung. Da wir ja im Allgemeinen das humanistische Gedankengut verinnerlicht haben, das den Menschen im Kern für gut erklärt, greifen wir zunehmend gerne auf die gute und weise Führung zurück, die in diesem Kern verborgen sein soll. Zunehmend geht der Mensch auf Fantasie- und Kontaktreise zu diesem inneren Führer, der ihm die Antworten auf bestimmte Fragen oder Probleme geben soll.[35]

In seiner mir sehr verständlichen Lebensüberforderung und in der verzweifelten Suche nach Entscheidungshilfen auf dem »Supermarkt der Möglichkeiten« ist der Mensch für viele, vor allem spirituelle Hilfsangebote wieder offen. Wo wir merken, dass wir es mit unserem Verstand und Willen allein nicht geschafft haben, unsere Probleme zu überwinden, da steht die Literatur über die Wege zum »inneren, spirituellen Führer« hoch im Kurs. Diese Reise in das eigene Innere fügt sich gut ein in das immer stärker werdende Bedürfnis des Menschen nach spiritueller Ausrichtung bei gleichzeitiger Autonomie. Nach 200 Jahren Wissenschaftsgläubigkeit und materialistischem Denken, wo nur das gezählt hat, was der Mensch sieht, ist der Mensch wieder offen für eine spirituelle Dimension.

In diesem Bereich jedoch verhält sich der Mensch oft genauso wie bei seinen anderen Lebensentscheidungen. Er fragt nicht nach **einer** spirituellen Wahrheit und er fragt ebenso wenig Gott, wie und wer er denn nun sei. Passend zur heutigen Wertvorstellung, die dem Individualismus einen der ersten Ränge einräumt, erhebt er den Anspruch auf eine eigene spirituelle Wahrheit und seinen individuellen, privaten »Hausgott«. Der moderne Mensch hat überhaupt keine Probleme, sich sein religiöses Weltbild aus

---

[35] Näheres zum Thema »Visualisierung« in meinem Buch »Sehnsucht nach dem verlorenen Paradies«; a.a.O.

verschiedenen Glaubensrichtungen zusammen zu basteln und das für ihn Passende und Angenehme herauszusuchen (»Das fühlt sich für mich gut an«). Ich will damit niemandem das Recht absprechen, sich seine eigene Meinung zu verschiedenen Lebensfragen, eben auch der Gottesfrage, machen zu dürfen, aber ist diese individuelle Herangehensweise an die Gottesfrage richtig? Es fällt mir immer wieder in Gesprächen über den Glauben und die Bibel auf, wie sehr der Mensch das innere Empfinden als Maßstab nimmt. Was sich gut anfühlt, muss richtig sein, also die Wahrheit sein. Was sich nicht gut anfühlt, ist nicht von Gott oder muss falsch sein. Da hat dann jeder seine »persönliche« Wahrheit und aus dem Individualismus entsteht ein Pluralismus der Beliebigkeit. Aber ist denn Wahrheit noch Wahrheit, wenn sie mit völlig beliebigen Inhalten gefüllt werden kann?

Von den Mühen des Individualismus und Relativismus

So lebt der heutige, so genannte postmoderne[36] Mensch mit seinem individuellen Lebensentwurf, in dem alles letztlich relativ und optional ist. Es gibt keine absoluten Normen und Werte mehr, die als richtig angesehen werden. Da es kein allgemein gültiges Falsch oder Richtig mehr gibt, darf und muss sich jeder selber entscheiden, was für ihn richtig und wahr ist. Die höchsten Werte sind »Autonomie«, »Toleranz« und »persönliche Freiheit« nach dem Motto: »Mach du dein Ding, ich mach meins.« Kritik oder nur ein Infragestellen des Lebensentwurfs wird leicht als Eingriff in die Privatsphäre ausgelegt und aggressiv abgewehrt. Die Folgen solcher Lebensentwürfe sind zunächst Freiheit und Genuss, zunehmend jedoch Egoismus, Einsamkeit und innere Verwirrung sowie Haltlosigkeit. Es ist sehr mühsam, aus sich selbst heraus, auf die vielfältigen Lebensanforderungen Antworten zu finden oder gesunde Grenzen zu setzen und ein »Nein« zu

---

[36] Sehr lesenswert dazu: Der Auftrag; christliche Lehrzeitschrift; Thema: Zeitgeist; Nr 61, Dezember 1996

formulieren, wenn wir nur diffus über moralische Einstellungen verfügen. Und über welchen ethischen Standpunkt wollen wir denn noch diskutieren, wenn der Gesprächspartner wiederum seine eigene, berechtigte Ethik hat? Auch der »weise, innere Führer« gibt keinen Halt. Ich bin mittlerweile überzeugt, dass er die innere Verunsicherung längerfristig verstärkt. Außerdem kann diese innere Selbstbespiegelung in der Meditation und Visualisierung wiederum zu einer Sucht werden.

Ich möchte nicht missverstanden werden. Ich finde es völlig in Ordnung, wenn wir auf viele Entscheidungsherausforderungen unseres Lebens gemäß unserem Empfinden reagieren oder danach, ob wir in einem Punkt überwiegend Frieden haben (z. B. Partnerwahl, Wohnungswahl etc.). Gott hat uns diese Empfindungen als Entscheidungshilfe mitgegeben. Doch in der Gottesfrage oder auch in anderen Fragen der Moral und Ethik (z. B. Thema Abtreibung, Gentechnik, viele Aspekte des zwischenmenschlichen Miteinanders) greift dieses Empfinden nicht. Hier sollten wir Gott die Freiheit lassen, uns die Wahrheit zu diesen brisanten Themen zu offenbaren. Wenn wir ihn fragen und in seinem Wort studieren, werden wir Antworten bekommen. Bei der Orientierung an uns selbst oder am Anderen gibt es nie letzte Gewissheit. Zweifel und Unruhe bleiben.

b) Jesus im Mittelpunkt

Mit der Hingabe an Jesus Christus entscheidet sich der Mensch, seine hoch gepriesene Autonomie und Selbstbestimmung zugunsten eines anderen Lebensentwurfs abzugeben. Dazu ist er jedoch oft erst bereit, wenn er, und dies ist ein Geschenk von Gott, im Tiefsten erkennt, dass ihn sein persönlicher und eigenwilliger Lebensentwurf letztlich leer und einsam gemacht hat. Jesus wird als Herr des Lebens angenommen und der Mensch beginnt, seine Lebensfragen aus Gottes Perspektive zu sehen und zu beantworten. Der Mensch ist von Gott gar nicht so geschaffen, dass er alleine zurechtkäme und – was für eine Erleichterung – auch nicht klarkommen muss. Dies bedeutet im Kern: die Idee von der Autonomie und Selbstbestimmung des Menschen ist zwar etwas, was Gott dem Menschen als Möglichkeit mitgegeben hat, damit er frei ist, sich für oder gegen ihn zu entscheiden. Aber es gibt etwas im Menschen, was gleich stark neben diesem Autonom-sein-Wollen ist, wo das Ich im Mittelpunkt steht: das ist die Sehnsucht in seinem Herzen nach der Rückkehr zu seinem Schöpfer und Lebensspender. Und das Herz kommt nicht zur Ruhe, bis diese Sehnsucht gestillt ist. Der Mensch weiß im Tiefsten, dass er in seiner Autonomie gar nicht echter und wahrer Mensch sein kann. Erst die Bereitschaft, das Leben aus Gottes Perspektive zu sehen, gibt die Geborgenheit und die Freiheit, sich zum wahren Menschsein zu entfalten. In den bergenden Grenzen Gottes ist Freiheit überhaupt erst möglich. Der Mensch ist überfordert damit, allein durch seinen Mitmenschen oder durch sich selbst sein Leben zu gestalten. Darum ist die Kapitulation im 12-Schritte-Programm keine Schwäche, sondern kluge Einsicht.

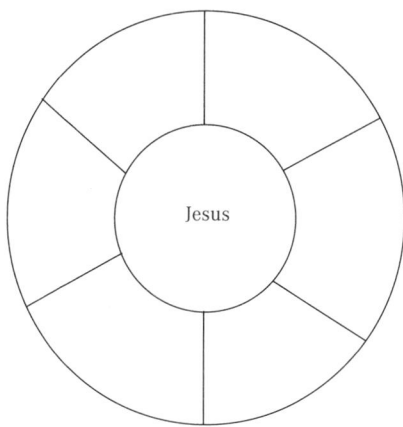

Abb. 2: Jesus im Mittelpunkt der Lebensfragen

Jesus, durch den alles erschaffen wurde (Joh 1, 3), hat die Antwort auf alle unsere Lebensfragen und Lebenssituationen, in die wir gestellt werden. Jesus selbst ist die Wahrheit (Joh 14, 6) und in ihm sind verborgen alle Schätze der Weisheit und der Erkenntnis (Kol 2, 3). Jesus nimmt den verwirrten, müden und überforderten Menschen aus seiner anstrengenden Reise der Selbstverwirklichung raus und sagt liebevoll: »Schau auf mich. Lass mich doch in deinem Herzen die Mitte sein. Bei mir findest du Ruhe.« Wir haben viele selbst schädigende Gedankengebäude gespeichert – nun setzt Jesus seine Wahrheit dagegen. Es ist als Christ gar nicht so leicht auszuhalten, wenn Gott diese Lügensysteme in unserem Kopf und in unserem Herzen nach und nach ans Licht holt. Er kennt unser Herz sehr gut und wenn er, nach unserer Entscheidung in diesem Herzen Platz genommen hat, beginnt er, alles uns beengende und letztlich quälende Gedankengut rauszuschmeißen und seine frei machende Wahrheit zu entfalten. Diese Wahrheit ist manchmal wunderbar – »Ich habe dich je und je geliebt« (Jer 31,3) –, und manchmal nur schwer anzunehmen und zu verdauen – »Ich weiß wohl, dass der Mensch von Natur aus nicht gut ist« (Röm 7, 18a). Doch ähnlich wie wir die Schwerkraft als »Wahrheit« akzeptieren und versuchen, unsere Bewegungen und Handlungen danach auszurichten, so ist Gottes Perspektive immer die Wahrheit und wir tun gut daran, sie zu akzeptieren.

Die ersten unsicheren Schritte im »neuen Land«

Nach meiner Entscheidung für Jesus zog eine nie gekannte Ruhe in mein Herz ein. Die innere Unruhe und Suche war in ihm zu einem Endpunkt gekommen. Ich war endlich zu Hause. Ich fühlte mich wie ein gestrandeter und völlig erschöpfter Schwimmer, der gerade in der Lage ist, seinen Kopf zu heben, um mit großer Erleichterung festzustellen, dass er auf der richtigen Insel gelandet ist. Ich kannte diese Insel überhaupt noch nicht, aber ich wusste, dass ich am Ziel meiner langen Suche war.

Ich brauchte sehr lange bis ich lernte mich auf dieser Insel in den Armen Gottes auszuruhen. Ich hatte zwar Gott den inneren Motor des ewigen Machens und Aus-eigener-Kraft-Lebens einsichtig und erschöpft vor die Füße gelegt, aber die Räder, die der Motor angetrieben hatte, drehten noch lange weiter. So versuchte ich im Schnellverfahren die Bibel zu lesen, von der ich nun wusste, dass sie quasi die Gebrauchsanweisung Gottes für seine Geschöpfe ist. Ich befasste mich intensiv mit Begriffen aus biblischen Wörterbüchern und Lexika. Was für eine interessante Welt tat sich nun auf. Ich las in der Woche mehrere Bücher von Menschen, die sich zu Jesus bekehrt hatten.

Dann die Frage, wie ich nun mit Gott sprechen konnte und durfte. Ich war sehr unsicher. Ich wusste, dass es ihn gibt, doch ich nahm ihn oftmals als sehr fern und kühl wahr. Ich wollte nichts falsch machen. Ich fühlte mich durch das Wissen um die personale Existenz Gottes anfangs eher unwohl. Was wollte er wohl nun von mir? Musste ich alle Lebensträume nach Familie und Beruf aufgeben und als Nonne in einem Kloster oder als Missionarin in Südafrika ein freudloses Leben fristen? Wohin ich auch ging, er sah ja alles. Was für eine Angst machende Vorstellung. Auch war ich anfangs überfordert durch die sonntägliche Gemeinschaft mit Christen bzw. durch andere christliche Treffen innerhalb der Woche. Gleichzeitig fühlte ich mich jetzt unter Menschen, die Jesus nicht persönlich kannten, zunächst sehr einsam.

So war ich die erste Zeit einerseits begeistert von meinem neuen Leben, ja manchmal sogar euphorisch, andererseits trieb ich mich sehr stark an und überforderte mich oft. Auch hatte ich Angst, Gott zu vertrauen. In manchen Momenten dachte ich, dass alles eine bloße Einbildung wäre. Jesus lebe nicht und auch aus diesem hoffnungsvollen Traum würde ich eines Tages enttäuscht aufwachen. Doch der innere Frieden und die Gewissheit, auf dem richtigen Weg zu sein, blieb und das Fundament gab nicht unter mir nach.

Im Laufe der letzten Jahre waren meine Spannungsschmerzen im Kopf- und Kieferbereich chronisch geworden. Das ständige Nachdenken, sich selber kontrollieren und sich irgendwie »durchbeißen« waren zu einer Dauerhaltung geworden. Mit diesen körperlichen Symptomen, meiner tief sitzenden Hoffnungslosigkeit und jahrelangen Menschenfurcht, mit all diesen »Defekten«, kam ich

nun in die »Liebeswerkstatt Jesu«, mit der zart aufblühenden
Gewissheit, dass er der einzige ist, der mir helfen kann und mich
gesund machen kann.

Manchmal verstärkten sich die Symptome, weil bei aller Freude
über die Tatsache, auf der richtigen Insel zu sein, viele neue Fragen
und auch neue Kümmernisse sich ihren Weg bahnten. Da war die
Trauer über verlorene Jahre, in denen ich ohne Jesus gelebt und
manche Fehlentscheidung gefällt hatte. Und da war die große Frage
nach der Fortsetzung meines Buches, in das ich so viel Arbeit
gesteckt hatte, aber in dem viele Gedankengänge für mich nicht
mehr richtig waren. Da war der Wille und Wunsch, Gottes Willen zu
tun, doch wie sollte ich seine Führung erkennen? Durfte ich über-
haupt noch aktiv sein? Wie viel Aktivität war richtig? Manchmal
war ich wie gelähmt. Dann ein sehnsüchtiges Verlangen, Jesus zu
sehen, anzufassen und unmittelbar, also akustisch zu hören. Doch
das geschah nicht. Dann die Erkenntnis, dass ich meine alten fi-
nanziellen Angelegenheiten beim Finanzamt und Arbeitsamt regeln
musste und wollte. Hier habe ich mir anfangs, aus einem strengen
Gottesbild heraus, viel Druck gemacht. Weiterhin die Zweifel an der
Theorie der Evolution. Hatte Gott wirklich alles in sechs Tagen
erschaffen? Welche Antwort hatte der große Weltenschöpfer und
Erhalter zu den Fragen der Sexualität, Selbstbefriedigung etc.

Die gute Botschaft weitergeben, aber wie?
Und eine weitere Frage stand nun unangenehm und für mich fast
unerträglich im Raum: was wird denn nun aus all den Menschen,
die Jesus in ihrem Leben nicht annehmen? Die Vorstellung, dass
Menschen, die das Nähe- und Vergebungsangebot von Jesus in
ihrem Leben ablehnen, auch nach ihrem Tode nicht in der Gottes-
nähe leben können, zerriss mir fast das Herz und hat anfangs eine
Überaktivität ausgelöst. Fast jedem Menschen, dem ich begegnete,
habe ich von Jesus erzählt, obwohl ich oft Angst vor persönlicher
Ablehnung hatte und selber noch nicht genügend zu Kräften ge-
kommen war. Heute bin ich in dem Punkt gelassener geworden und
experimentiere mit verschiedenen Wegen. Ich pflege Beziehungen
zu Menschen, die ich mag und mit denen ich mich offen über mei-

nen Glauben austauschen kann. Des Weiteren bitte ich Gott, mich mit Menschen zusammenkommen zu lassen, die auch etwas über ihn wissen wollen. Seit einem Jahr arbeite ich in einem missionarischen Hauskreis mit, in dem wir u. a. lockere Abende mit Gästen gestalten. Für den Herbst 1999 planen wir mit einem Schulungsteam in der Gemeinde ein Seminarangebot, in dem Christen sich mit ihrem persönlichen, zu ihnen passenden Evangelisationsstil beschäftigen werden. Ich merke, dass ich meinen fachlichen und persönlichen Unsicherheiten und Vorbehalten, mit Menschen über den wunderbaren Erlöser Jesus Christus ins Gespräch zu kommen, am besten begegne, indem ich mich in dem Auftrag, den Jesus uns gegeben hat, wie in jedem anderen Lebensbereich schule und weiterbilde. Glaubensgespräche sind in unserer pluralistischen Gesellschaft, in dem jeder Weg zu Gott richtig zu sein scheint, oftmals mühsam und nicht wenige meiden solche Gespräche nach den ersten Beulen und Blessuren. Ein »gutes, nicht überforderndes Handwerkzeug« kann den Wunsch, Menschen die Liebe und Vergebung Gottes zu bringen, wieder auffrischen. Es hilft, selbstbewusster und souveräner mit den jeweiligen Situationen, in die Gott uns stellt, umzugehen.

Freiheit durch die Begrenzung

Eine große Erleichterung war für mich damals, dass ich mich nun gänzlich auf christliche Literatur und Schriftsteller konzentrieren konnte und wollte. Kein stundenlanges Stöbern mehr in Buchhandlungen und Büchereien nach d e m Buch, in dem der Schlüssel für meine Probleme verborgen liegt. Ich belege keine Kurse mehr über philosophische Grundfragen oder Einführungen in neue Meditationstechniken. Ich weiß, woher ich komme, wohin ich gehe und was der Sinn meines Lebens ist, nämlich in und durch die Gemeinschaft mit Jesus Christus und seinem Wort ein liebes- und lebensfähiger Mensch zu werden. Jesus als Kompass und innerer Ausrichter half mir, von Büchern und Denkrichtungen Abschied zu nehmen, die oftmals gute und richtige Ideale beinhalten, aber dem Menschen eine unerträgliche Last der Selbsterlösung und Anstrengung auferlegen. Ein Gefangener, der in Ketten liegt, kann sich nicht selber befreien. Langjähriges Wissen in den Selbsthilfegruppen ist, dass wir uns durch den Willen und unseren Verstand nicht aus Verstrickungen befreien können. Darum ist das 12-Schritte-Programm im Kern ein spirituelles Programm.

So begann Gott also im Winter 94/95 einige meiner Gedankengebäude zusammenstürzen zu lassen und vieles zurechtzustutzen. Es war manchmal verunsichernd und schmerzhaft, mich mit Gedanken auseinander zu setzen, die lange mein Weltbild bestimmt hatten. Zugeben zu müssen, dass ich mich geirrt hatte damit, dass es die Reinkarnation gibt, dass der Mensch im Kern gut ist, dass der Mensch sich aus eigener Kraft höher entwickeln kann etc. Ich erkannte, dass der Reinkarnationsgedanke sich auf den Glauben der Selbsterlösung gründet. Der Mensch ist auf seine eigenen Anstrengungen zur Wiedergutmachung von Schuld angewiesen, er unterliegt also einem Leistungsprogramm, das ihm niemals Geborgenheit und Vergebung schenken kann. Dagegen berührte mich tief das großzügige Geschenk von Gott, dass er selber meine Schuld am Kreuz gesühnt hat und mir seine bedingungslose Gnade und Vergebung anbietet, wenn ich ihm meine Schuld bekenne. Ich begriff, dass Gott mich als Original und einmalig geschaffen und mir ein Leben auf dieser Erde geschenkt hat. (»Jeder von uns, jeder Mensch muss einmal sterben und kommt danach vor Gottes Gericht«, Hebr 9,27.)

Dieser fortwährende Prozess erleichterte und erleichtert mein Leben ungemein. Es war eben nicht mehr alles richtig und ok. Gott setzte Begrenzungen und Orientierungsmarken, die jedoch keine Enge, sondern eher Befreiungsgefühle auslösten.

Beziehungsklärungen

Und Gott begann meine festgefahrenen, schmerzhaften Beziehungskonstellationen zu heilen und zu ordnen. So hatte ich mit Anke und meiner Nichte Jennifer gute, klärende Abschiedsgespräche. Etwa 1 1/2 Jahre später wurden wieder erste Kontakte geknüpft. Zunehmend schenkt Gott mir die Gelassenheit, gerade auch dadurch, dass er mir noch viele andere soziale Kontakte geschenkt hat, Ankes inaktives Verhalten mir gegenüber nicht mehr persönlich zu nehmen und mich an dem zu freuen, was an Schönem und Wertvollem zwischen uns ist. Ich weiß, dass ich bei ihr jederzeit herzlich willkommen bin. Meine Nichte und Patenkind Jennifer hat sich nach dem Abitur in Dortmund zunächst ihr eigenes Leben aufgebaut. Wenn wir uns heute sehen, können wir wieder im Allgemeinen an die alte Vertrautheit anschließen. Ich fühle mich mit ihr sehr verbunden.

Und Gott löste die immer wiederkehrenden Beziehungsprobleme mit meiner Mutter, mit der ich heute einen überwiegend unkomplizierten Umgang habe. Ich kann sie zunehmend mit ihren Stärken (von ihr habe ich meine Disziplin mitbekommen) und Schwächen annehmen und kann mittlerweile akzeptieren, dass sie mir die langersehnte Wärme und Anteilnahme nicht geben kann. Ich schätze die kurzen Begrüßungs- und Abschiedsgesten, so begleitet sie mich z. B. oftmals bis zu meinem Fahrrad, sowie die handwerklichen und pragmatischen Zuwendungen, mit denen sie ihre Zuneigung ausdrückt. Ich kann mich in ihrer Gegenwart mittlerweile im Allgemeinen entspannen und schätze ihre Stärke und Belastbarkeit. Angst, die ich immer vor meiner eher strengen und kritischen Mutter gehabt hatte, hat Gott fast völlig in Humor und Selbstbewusstsein ihr gegenüber verändert. Seit 1996, nachdem ihr zweiter Lebenspartner gestorben war, haben wir in manchen kurzen Momenten die Art von Zweisamkeit »nachholen« können, nach der ich mich bereits als Kind gesehnt hatte. Ich bin Gott sehr dankbar, dass er sie bei einem sehr schweren Verkehrsunfall im Sommer 1998 bewahrt hat und uns heute viel Zeit bleibt für Gespräche, gemeinsames Arbeiten, Fernsehgucken u. a. In schwierigen Momenten, in denen mich ihr Desinteresse mir gegenüber (so zeigt sie nach wie vor so gut wie keine Anteilnahme an meinen Alltagserlebnissen, Gedanken, Plänen etc.) wieder runter zu ziehen droht, beziehe ich heute viel Trost aus dem Wissen um das immer während Interesse Gottes an mir. Und manchmal setze ich mich dann aufs Rad und besuche Menschen, die mir Löcher in den Bauch fragen und mir Interesse entgegenbringen.

Egon war nach meiner Entscheidung über fast zwei Jahre sehr interessiert am christlichen Glauben und hat mir viele Fragen gestellt. Doch auch hier, wie in der Partnerschaft, konnte er leider keinen »letzten Schritt« tun. Ich weiß, dass ich in ihm einen sehr verlässli-

chen Freund habe, der in Alltagsfragen ein guter, oftmals humor-
voller, Ratgeber für mich ist, und der auch in einer Notsituation
sofort zur Stelle wäre. Gott schenkt mir im Alltag gute Gemeinschaft
mit vielen lieben Menschen und er half mir, dass das sehr zu mei-
nen Ungunsten ausgestellte Arbeitszeugnis, das ich aufgrund mei-
ner ABM-Tätigkeit 1993 erhalten hatte, vor dem Arbeitsgericht zu
meinen Gunsten verändert wurde.

Auf festem Grund
Im Sommer 1994 saß ich bei meinem «Fastabsturz» in den Bergen
fast eine Stunde am »Todesabhang«. Dann hat Gott mir geholfen,
einen festen Wanderweg zu finden. Genauso hat er mein Leben, das
oftmals ins schwarze Tief der Verzweiflung und Hoffnungslosigkeit
abzustürzen drohte, auf einen festen Grund gestellt. Es ist ein
Grund, auf dem nicht mehr alles in Ordnung ist, was machbar und
möglich ist. Aber innerhalb der weit gesteckten Planken ist eine Frei-
heit möglich, die gerade erst dadurch entfaltet werden kann, dass
Jesus dieser Grund ist. Ein Vers aus dem Psalm 40 gibt sehr gut wie-
der, was Gott im Winter 94/95 mit mir gemacht hat:

> Er zog mich aus der grausigen Grube,
> aus lauter Schmutz und Schlamm,
> und stellte meine Füße auf einen Fels,
> dass ich sicher treten kann.
> (Ps 40, 3)

Wenn wir lernen, die Dinge und Schwierigkeiten unseres
Lebens aus Gottes Perspektive zu betrachten (z. B. »Was soll ich
nach Gottes Ansicht daraus lernen«), bekommt unser Leben
einen tiefen Sinn und wir kommen allmählich weg von der ständigen Eigendrehung und der Drehung um andere Menschen. Es
ist eine ungeheure spannende Herausforderung, den Blick von
unseren Ängsten und unserer Hoffnungslosigkeit auf ihn hin,
der Ruhe und Hoffnung schenken möchte, zu wechseln. Es ist
eine Quelle ständiger Freude, sein liebendes, aber auch heiliges
und gerechtes Wesen immer besser kennen lernen zu wollen.

Gott setzt uns durch die Entscheidung für ihn wieder ins rechte Verhältnis zu ihm, das nach dem Sündenfall gestört war. Er senkt die Berge – er schleift also von oben an unserem Stolz und Größenwahn – und er hebt die Täler – er hält also seine liebende Hand unter unser arg strapaziertes Selbstwertgefühl und gibt uns eine neue Selbstachtung (Jes 40, 3-5). Es ist ein Prozess mit Höhen und Tiefen, in dieses rechte Verhältnis zu Gott hineinzuwachsen. Ich bin überzeugt, dass Gott uns durch diese ganzen Kämpfe hindurchhelfen will, damit wir in seiner Nähe einen gesunden Respekt und ein entspanntes Freisein entwickeln. »Wen Christus frei macht, den macht er wirklich frei« (Joh 8, 36). Dies ist eine Zusage und Verheißung Gottes, die, wenn wir unser Herz für den Umgestaltungsprozess öffnen, auch eintreffen wird, weil Gott zuverlässig und treu ist.

c) Gottes Wort als Wegführer

Zur Übermittlung seiner Wahrheit hat Gott uns sein Wort gegeben, durch das er sich uns – wie durch seine Schöpfung und durch seinen Sohn Jesus Christus – offenbart. Durch dieses Wort spricht Gott zu uns, es ist die »Gebrauchsanleitung« für seine Geschöpfe.

Kein so genanntes positives Denken hat es bei mir dauerhaft geschafft, die Minderwertigkeitsgefühle zu verringern. Sie kamen immer wieder. Doch die Tatsache, dass ich in Gottes Augen wunderbar gemacht bin (Ps 139) und dass »er mich je und je geliebt hat« (Jer 31, 3), zertrümmern dieses falsche Gedankengebäude Stück für Stück. Auch dies ist ein Prozess. Kein Aphorismus aus früheren Büchern, und sind sie auch oft gut gemeint, konnte das in mir bewirken, was bestimmte Verse aus der Schrift heute in mir heilmachen. So als wenn Gott diese Verse mit heilender Salbe bestrichen hätte. Es war für mich fast eine zweite Bekehrung, als ich mich im Frühling 1997 entschieden habe, die ganze Schrift als wahr anzunehmen.

Die Bibel ist das am meisten gelesene, erforschte und umstrittene Werk unserer Erde. Viele Bücher sind für oder gegen sie geschrieben worden. Ich möchte im Rahmen dieses Buches nur drei Aspekte dazu erwähnen und möchte demjenigen empfehlen, der der Bibel ablehnend oder sehr skeptisch gegenübersteht, tiefer in die Original- und Sekundärliteratur einzusteigen:[37]

- Die Lehren des Buddhismus und des Islam gründen sich in ihren Hauptaspekten auf die Aussagen nur eines Menschen, also einer Offenbarungsquelle, nämlich Buddha bzw. Mohammed. Die Bibel besteht dagegen aus sechsundsechzig Büchern, die *innerhalb von eintausendfünfhundert Jahren von über vierzig Menschen* aufgeschrieben wurden. Gott hat seine Grundgedanken, die sich wie ein roter Faden durch die Bücher ziehen, mehreren Personen in langen Zeitabständen offenbart.

- Weiterhin gibt es in der Bibel über *dreitausend Vorhersagen,* von denen sich rund die Hälfte bisher ohne Fehlerquote und exakt erfüllt haben. Das geht über jede menschliche Fähigkeit und jeden Zufall hinaus. So gab es bereits vierhundert Jahre vor Jesu Geburt über fünfzig Vorhersagen über sein Kommen, sein Leben und seine Wiederkunft, die genauso eingetroffen sind oder eintreffen werden.[38]

- Die Ereignisse der Bibel sind eingebunden in Raum und Zeit und prüfbar:
  »Unter den ›heiligen Schriften‹ finden sich objektiv prüfbare Kriterien nur in der Bibel. Die hinduistischen Veden sind eine Sammlung von Götterhymnen; der Koran ist eine Sammlung der Lehraussagen Mohammeds. Beides kann man nicht prüfen. Prü-

---

[37] J. Blunck, F. Grünzweig, M. Holland, U. Laepple, R. Scheffbuch (Hg.); Biblisches Wörterbuch; Wuppertal 1982
Charles C. Ryrie; Die Bibel verstehen; Dillenburg 1996;
Werner Keller; Und die Bibel hat doch Recht – Forscher beweisen die historische Wahrheit; Düsseldorf, Wien 1964
Josh McDowell; Die Bibel im Test – Tatsachen und Argumente für die Wahrheit der Bibel; Neuhausen-Stuttgart 1993
[38] Jugend mit einer Mission; Faltblatt: Was sagt die Bibel über die Zukunft; zu beziehen bei: Der Auftrag; Schloßgasse 1, Hurlach

fen kann man nur die historischen, geographischen, natur-
wissenschaftlichen und prophetischen Angaben der Bibel, denn
sie stehen in Bezug zu Raum und Zeit. Und entgegen landläufiger
Meinung werden sie von der heutigen Wissenschaft und For-
schung durchweg als korrekt bestätigt.«[39]

Neben der objektiven Basis, die die Bibel bietet, ist jedoch das
Entscheidende, dass der Urheber und Verfasser persönlich und
subjektiv erfahrbar ist. Und dies nicht nur bei der Entscheidung
für ihn, sondern vor allem in der Heilung von alten Wunden und
selbstzerstörerischem Gedankengut, die spürbare Auswirkungen
im Alltag hat. Einbildung, psychische Vorstellungskraft oder
Projektion reichen hier, wie ich aus eigener Erfahrung mittlerweile weiß, als Erklärungsansatz nicht aus.

> *Denn die ganze heilige Schrift ist von Gottes Geist eingegeben.*
> *Sie lehrt uns, die Wahrheit zu erkennen, unsere Schuld einzu-*
> *sehen, uns von Grund auf zu ändern und so zu leben, dass wir*
> *vor Gott bestehen können. Sein Wort zeigt uns, wie wir als ver-*
> *änderte Menschen fähig werden, in jeder Beziehung Gutes zu*
> *tun (2. Tim 3, 16+17).*

Die Bibel ist das Kursbuch für uns Menschen hier auf Erden.
Viele Menschen haben sich zeitlich, gedanklich und auch mit
ihrem Leben dafür eingesetzt, dass diese Schrift erhalten bleibt
und mittlerweile in vielen Sprachen und Dialekten verbreitet ist.
In der unüberschaubaren Vielfalt religiöser Strömungen und
Menschenmeinungen brauchen wir eine klare Grundlage.[40]

---

[39] Werner Harke; Das Weltbild der Religionen; in: Der Auftrag, Nr. 30; S. 22
[40] Mittlerweile liegen Bibelübersetzungen von mehreren Autoren und Autorengruppen
vor. Als Einstieg würde ich eine Kinderbibel empfehlen. Sehr gut lesbar ist die »Hoffnung für alle«, die seit dem Oktober 1996 als ganze Bibel (Altes und Neues Testament) vorliegt; Basel 1996

3.2 Befreit zur ewigen Liebesgemeinschaft mit Gott

Im Herbst 1994 zogen mich zunächst überwiegend bildliche Darstellungen von Jesus an, in denen er unverwundet war. So habe ich z. B. sehr oft das Bild von Emil Nolde, Christus und die Kinder, betrachtet. Ende Februar 1995 kam an einem Gebetsabend, an dem wir mit verschiedenen Christen aus unterschiedlichen Gemeinden zusammengekommen waren, eine mir unbekannte Frau auf mich zu. Sie meinte, sie hätte ein Bild vor ihrem inneren Auge gesehen, wo Jesus am Kreuz hing, und sie hätte den Eindruck, dass Gott wolle, dass sie mir dies mitteilt. In meinem Wunsch, die Dinge aus Gottes Perspektive zu sehen, fragte ich Gott, nach der tieferen Bedeutung des Kreuzes. Hatte ich da etwas noch nicht verstanden? Und Gott erläuterte mir daraufhin die in der Menschheitsgeschichte immer wiederkehrenden Fragen über das Leben und den Tod aus seiner Sicht:

Satan – der stolze Engel

Am Anfang der Zeit hatte Gott ein gewaltiges Heer von Engeln geschaffen, die vielfältige Dienste erfüllen und durchaus keine Marionetten, sondern eigenständige, geistige Persönlichkeiten sind.[41] Der Teufel, ehemals Morgenstern oder lateinisch auch Luzifer genannt (Jes 14, 12) war der Höchste unter den Engeln. Nach einigen Ausführungen, ob die Bibelstelle Hesekiel 28, 11-19 auf den Luzifer zu beziehen sei, schreibt C. C. Ryrie zum Wesen des Teufels:

> *»Er ist ein Geschöpf. Unter der Annahme, dass in Hesekiel 28, 11-19 der Teufel gemeint ist, wird der Teufel hiermit eindeutig als geschaffenes Wesen bezeichnet ... Obwohl mächtig, ist er ein begrenztes Geschöpf, und als Geschöpf ist er seinem Schöpfer verantwortlich ... Er ist ein Geistwesen. Der Teufel gehört*

---

[41] In den folgenden Ausführungen beziehe ich mich im Wesentlichen auf die sehr sachlichen Ausführungen von Charles C. Ryrie, Die Bibel verstehen, Dillenburg 1996, S. 159-172

zur Engelordnung der Cherubim. Offenbar war er der höchste geschaffene Engel« (S. 166).

»Im ersten Augenblick seines Daseins erwachte er in der vollgestaltigen Schönheit und Macht seiner Majestät, umgeben von der Pracht, die Gott ihm verliehen hatte. Er sah sich selbst den himmlischen Heerscharen überlegen an Macht, Weisheit und Schönheit. Nur am Thron Gottes traf er Höheres, ... bis zu seinem Fall war er Premierminister Gottes, Herrscher vielleicht über das Universum, gewiss aber über diese Welt.«[42]

Dann sündigte Luzifer, indem er sich gegen Gott auflehnte und dessen Platz beanspruchte. »Ich will auffahren über die hohen Wolken und gleich sein dem Allerhöchsten« (Jes 14, 14). Doch nur Gott hat die Kompetenz und Fähigkeit, sein Reich richtig zu führen.

»Der Teufel wollte mächtig sein wie Gott. Er wollte die Macht und Herrschaft über diese Welt ausüben, die rechtmäßig Gott allein zusteht. Seine Sünde war die direkte Infragestellung der Macht und Hoheit Gottes. Umso abscheulicher wird die Sünde des Teufels durch seine großen Vorrechte, sein enormes Wissen und seine erhöhte Position. Zugleich hatte seine Sünde die schlimmsten Folgen, sie riss andere Engel mit sich (Offb 12, 7); sie betrifft alle Menschen (Eph 2,2); sie machte den Teufel zum Fürsten dieser Welt (Joh 16,11); sie beeinflusst alle Völker dieser Welt, denn der Satan bemüht sich, sie zu betören (Offb 20, 3). Jede Sünde ist eine ernste Sache und jede Sünde reißt andere mit ins Unglück. Doch die Sünde der Mächtigen hat schlimme Folgen und weit reichende Auswirkungen.«[43]

Die Rebellion gegen Gott ist dem »Premierminister« nicht gelungen. Satan hat das gottgewollte, rechte Verhältnis zu Gott mutwillig verlassen und Gott »musste« reagieren. Er wurde aus der Herrlichkeit hinausgestoßen und damit zum Feind Gottes. Seinen zwar begrenzten, aber sehr mächtigen Einfluss setzt er seitdem

---

[42] Donald Grey Barnhouse; The Invisible War, Zondervan 1965, in: C. C. Ryrie, a.a.O., S. 171

[43] C. C. Ryrie; a.a.O., S. 173

ein, um in die Herzen der Menschen über die Existenz Gottes und seine Wahrheit Zweifel zu säen, wobei ihn die mitgefallenen Engel (Dämonen) willig unterstützen. Dabei geht er sehr intelligent vor. Er weiß genau, wie er den Menschen versuchen und verführen kann, um ihn von Gott wegzulocken und fernzuhalten. Er ist ein Lügner, ein Mörder und verstellt sich oft als ein Engel des Lichts (2. Kor 11, 14), um die Menschen zu betören, vor allem in dessen wesensmäßigem Wunsch nach Unabhängigkeit.

Im Garten Eden

Gott hat den Menschen in eine sehr gute und heile Schöpfung gestellt. Adam genoss die unmittelbare Gegenwart Gottes. Er hatte das ewige Leben und viele Freiheiten und Möglichkeiten, seinen Lebensraum zu gestalten (1. Mose 2, 15+16). So wie ein guter Vater seinen Kindern Grenzen setzt und auch die Konsequenzen nennt, die bei Übertretung dieser Grenze erfolgen, so hatte Gott auch Adam diese eine Grenze zu seinem eigenen Schutz gesetzt (den Baum der Erkenntnis) und die Folge bei Übertretung genannt (den Tod). Wenn der Mensch sich von Gott, dem Lebensspender und Licht entfernt, begibt er sich konsequenterweise in die Sphäre der Finsternis und des Todes. Ich denke, Gott wollte dem Menschen auf seine Art Erkenntnis und Weisheit schenken. Der eigene Weg war für den Menschen scheinbar eine Überforderung. Mit der Tatsache, dass Gott den Baum zeigte und erwähnte, wird für mich sehr schön deutlich, dass er dem Menschen von Anfang an eine Wahlfreiheit gegeben hat. Er schenkt dem Menschen die Schönheiten seiner Schöpfung und den Genuss seiner unmittelbaren und liebevollen Gemeinschaft, aber in seiner Liebe wollte er dem Menschen die Möglichkeit geben, sich diesen gesteckten Grenzen widersetzen zu können. Gott schenkte Adam eine Frau, die zu ihm passte (1. Mose 2, 18+21-23). Beide waren unschuldig, nackt und schämten sich nicht vor Gott – nicht ihres Körpers, nicht ihrer Gedanken und Gefühle.

Die Verführung

Satan ist sehr klug, als er sich Eva als Schlange nähert und Zweifel an Gottes Wort in Evas Herz sät (»Ja, sollte Gott gesagt haben, 1. Mose 3, 1) und das Wort Gottes in Abrede stellt (Ihr werdet keineswegs des Todes sterben, 1. Mose 3, 4). Und dann schmeichelt er dem Ego von Eva (Und ihr werdet sein wie Gott und wissen, was gut und böse ist, 1. Mose 3, 5). Ich glaube, an Evas Stelle wäre ich auch schwach geworden bei einer solch perfekten Verführung. Adam, der als verantwortlicher Teil in der Gemeinschaft hätte standhaft bleiben müssen, wird ebenfalls schwach. Er bleibt auch schwach und passiv, als Gott ihn liebevoll fragt: »Wo bist du, Adam?« (1. Mose 3, 9) und ihm nochmal die Möglichkeit schenkt, ohne Gesichtsverlust seine Grenzübertretung einzugestehen. Er zerrte ihn nicht hinter dem Busch hervor, obwohl er ja wusste, wo Adam war, und stauchte ihn nicht zusammen. Doch Adam wich aus und schob die Schuld auf Eva. Diese schob die Schuld auf die Schlange (diese Schuldverschiebung ist heute noch sehr beliebt, wenn z. B. die böse Gesellschaft für unsere Schuld verantwortlich ist).

Am Montag, den 27. Februar 1995 habe ich mir nachmittags das Neue Testament geschnappt und, mit wachsendem Staunen, im Römerbrief gelesen. Was stand dort? Plötzlich waren es nicht mehr nur Worte, die ich in meiner Kindheit in der Kirche mal aufgeschnappt hatte. Ich begann, den Inhalt wirklich zu verstehen:

*Durch einen einzigen Menschen, durch Adam, ist die Sünde in die Welt gekommen und als **Folge** davon der Tod. Weil nun alle Menschen gesündigt haben, sind sie alle dem Tod ausgeliefert (Röm 5, 12).*

Aus Gottes Perspektive steht also auf die Missachtung und Verletzung seiner gesteckten Grenzen (der verbotene Baum) der Tod. Vor der Grenzverletzung Adams, also seiner Sünde, gab es das ewige Leben für ihn und Eva. Die Grenzverletzung bestand in dem stolzen Wunsch, »so wie Gott sein zu wollen«, womit der Mensch sein gesundes und richtiges Verhältnis zu Gott freiwillig verließ. Damit hat der Mensch seine Bestimmung und sein Ziel –

nämlich in der unmittelbaren Gemeinschaft mit seinem Schöpfer zu leben – verfehlt. Sünde ist letztlich die Benennung für diese Ziel- und Sinnverfehlung des Menschen. Durch Adam war diese Sünde in die heilige und schöne Welt gekommen und zerstörte dadurch die heilige Beziehung zu Gott.

So verloren beide die unmittelbare Nähe zu Gott und mussten den wunderschönen Garten Eden verlassen. Bereits bei Kain und Abel, ihren Kindern, war die Hauptsünde, nämlich der Stolz, so tief im Herzen des Menschen verankert, dass Kain auch vor einem Mord nicht zurückschreckte. Seitdem lebt der Mensch als »unheiles« Geschöpf in einer »unheilen« Schöpfung. In seiner Wahlfreiheit hat er sich für die Autonomie entschieden und sich damit aus dem unmittelbaren Lichtbereich Gottes entfernt. Auch wenn Gott ihm nah ist und sich danach sehnt, dass sein Geschöpf in seine unmittelbare Gemeinschaft zurückkehrt, so gehört er doch mit seiner Geburt seitdem »formal« zu der Finsternis, über die der »Fürst dieser Welt« herrscht. Das Herz des Menschen ist von Anbeginn an eigensinnig und egoistisch, wenn er auch zu vielen sozialen Handlungen fähig ist. Er kann nicht von sich aus »einfach gut« sein. Darin scheitern viele Menschen, die wirklich versuchen, liebevoll und gerecht zu sein. Die humanistische Psychologie, deren wesentlicher Mitbegründer Carl Rogers war, hält den Menschen im Kern für gut. So gut gemeint dieser Ansatz auch sein mag, ich meine, er ist letztlich eine Qual für den Menschen, der sich ständig bemüht, familiäre und gesellschaftliche Schmutzspuren auf seiner Seele wegzuputzen, damit endlich das Gute und Edle zum Vorschein kommt. Er möchte von Herzen gut sein, doch dies kann ihm alleine nicht gelingen, da er unter dieser «Herrschaft der Sünde« steht, die mit Adam in die heile und lichte Welt kam.

Paulus, der vor seiner Hinwendung zu Jesus Christus ein eifriger und gesetzestreuer Jude war, machte die gleiche Erfahrung. Er schreibt in einem Brief an die Römer:

Ich mache immer wieder dieselbe Erfahrung: Das Gute will ich tun, aber ich tue das Böse. Ich wünsche mir nichts sehnlicher, als Gottes Gesetz zu erfüllen. Dennoch handle ich nach einem anderen

*Gesetz, das in mir wohnt. Dieser Widerspruch zwischen meiner richtigen Einsicht und meinem falschen Handeln beweist, dass ich ein **Gefangener der Sünde** bin. Ich stelle also fest: Innerlich stimme ich zwar dem Gesetz Gottes zu, aber in meinen Taten folge ich dem **Gesetz der Sünde**. Ich unglückseliger Mensch. Wer wird mich jemals aus dieser Gefangenschaft befreien? Gott sei Dank! Durch unseren Herrn Jesus Christus sind wir bereits befreit (Röm 7, 21-25).*

In unserer Selbsthilfegruppenarbeit fiel immer wieder auf, wie sehr wir alle »immer wieder das Gleiche taten«, obwohl wir was anderes wollten. In Wiederholungszwängen gefangen, fühlten wir uns oft hilflos und ohnmächtig. Doch genau diese Ohnmacht ist ein realistisches Empfinden. Unter der »Herrschaft der Sünde« ist echte Befreiung nicht angehbar und bleibt immer Stückwerk. Doch genau diese Ohnmacht soll vor Gott zur gesunden Kapitulation werden, damit er uns mit seiner starken Hand aus der Finsternis ins Reich des Lichts holen kann.

Der Weg ins Reich des Lichts

Wie hat Gott den Weg dafür freigemacht? Wie sollten es denn seine gequälten und an ihm schuldig gewordenen Geschöpfe (wie oft waren wir zornig, stolz und lieblos?) schaffen, von sich aus schuldlos und heilig zu werden, damit Licht wieder mit Licht zusammenkommt? Das kann kein Mensch schaffen. Paulus war vor seiner Bekehrung sicherlich ein sehr frommer Jude gewesen, bemüht, die Gebote und Gesetze zu halten. Doch auch er konnte Gott mit seiner Leistung nicht beeindrucken.

> *Denn darin sind die Menschen gleich: Alle sind Sünder und haben nichts aufzuweisen, was Gott gefallen könnte. Aber was sich keiner verdienen kann, schenkt Gott in seiner Güte: Er nimmt uns an, weil Jesus Christus uns erlöst hat. Um unsere Schuld zu sühnen, hat Gott seinen Sohn am Kreuz für uns verbluten lassen. Das erkennen wir im Glauben, und darin zeigt sich, wie Gottes Gerechtigkeit aussieht ... Also steht fest: **Nicht wegen meiner guten Taten,** die ich Gott vorweise, werde ich*

von meiner Schuld freigesprochen. Gott spricht mich erst dann frei, wenn ich mein Vertrauen auf Jesus Christus setze (Röm 3, 23-25, 28).

Gott hat keinen Leistungskatalog aufgestellt, dessen Kriterien wir erfüllen müssen, um uns damit seine Liebe zu verdienen. Und er hat den Menschen nicht sich selbst überlassen. In seiner großen Sehnsucht, wieder mit dem Menschen Gemeinschaft zu haben, hat er seinen Sohn gegeben und hat damit seiner Gerechtigkeit Genüge getan. Er ist konsequent. Was für ein Geschenk. Er hat gesagt, dass auf Sünde der Tod steht, und er selbst hat diesen Tod auf sich genommen. In seinem Sohn hat er sich selbst gegeben, denn das Mensch gewordene Wort – Jesus Christus – ist Gott selber, und der Vater und der Sohn sind eins (Joh 1, 1-2 und 10, 30).

Es steht also fest: durch die Sünde eines Menschen – Adam – sind alle Menschen in Tod und Verderben geraten. Aber durch die Erlösungstat eines Menschen – Christus – haben alle die Chance zu einem neuen Leben mit Gott (Röm 5,18).

Jesus Christus hat auf Golgatha stellvertretend für alle Menschen den Tod durchlitten. Mit dieser totalen Selbsthingabe von Jesus Christus wurde der Ordnung und Gerechtigkeit Gottes, dass die Strafe für Sünde der Tod ist, Genüge getan. Damit ist der Schuldschein gegen uns zerrissen.

Ich begriff, was es bedeutet, als Kind Gottes vom ewigen Tod befreit zu sein, und warum alle die, die an Jesus und seine Hingabe am Kreuz glauben, das ewige Leben haben. Meine Schuld – meinen Eigensinn und meine Autonomie – hatte Jesus vor 2000 Jahren stellvertretend und vorauszahlend für mich am Kreuz erledigt, indem er den Tod starb, den ich, nach Gottes Perspektive und Gerechtigkeit, als Folge verdient hätte. Er hatte als stellvertretender Sündenbock meine Strafe auf sich genommen. Er hatte für mein vergangenes Schuldigwerden (und für die Situationen, ich denen ich zukünftig in seinen Augen schuldig werde) im Voraus bezahlt. Damit war der Weg frei, Gottes Vergebung für meine Grundschuld, nämlich mein Leben in eigener Regie gestalten zu wollen und die daraus folgenden Fehlhandlungen »abzuholen«. Ich habe nun das ewige Leben über meinen physischen Tod hinaus.

Jesus hat alle unsere Fehlhaltungen, unsere Ängste, Minderwertigkeitsgefühle und unseren Stolz (der »alte Mensch« in uns) bereits im Voraus mit ans Kreuz genommen. Er wusste ja schon damals, was in unserem Leben falsch laufen wird. Er war der Blitzableiter Gottes, auf ihn hat sich der Zorn Gottes ergossen. Dadurch ist der Weg frei, zurück zum Garten Eden, für den, der Jesus als den einzigen Weg annimmt. Wir können die Vergebung Gottes also nur abholen, nicht erarbeiten.

Am Abend des 27. Februars ging ich erschöpft und gleichzeitig aufs Äußerste angespannt und innerlich erregt vor Gott auf die Knie. Ich hatte das Bedürfnis, ihm alle meine Sünden, die mir bewusst waren und die ich vielleicht auch schon bruchstückhaft gebeichtet hatte, einzeln aufzuzählen. Alles, was ich in meinem Leben in puncto Geld nicht in Gottes Sinne gemacht hatte, meine Diebstähle als Teenager, meine späteren Betrügereien bei Ämtern, alles kam vor Gottes Thron. Dann nannte ich ihm einzeln alle Namen von Männern, mit denen ich geschlafen hatte. Gott ist der Schöpfer von Lust und Sexualität, aber ich wusste nun, dass dies, aus seinem liebevollen Geboten heraus, nicht in Ordnung war. So ging es über mehrere Stunden. Es war ein befreiender Prozess, bei dem ich ganz ruhig meine Schuld sehen konnte, aber keine Schuldgefühle mehr hatte. Zu dem Frieden, den ich nun schon seit einiger Zeit in meinem Herzen spürte, kam nun eine Freude, ein innerer Jubel über die Befreiung. Ich werde über den physischen Tod hinaus leben und werde irgendwann in Jesus unmittelbarer Nähe sein. Noch ganz erschöpft von den letzten Monaten lag ich spätabends auf dem Bett, und war gleichzeitig erfüllt von dieser Wahrheit, die mich erfasst hatte. In den folgenden Tagen vertiefte sich das Verständnis über diese grundlegenden Wahrheiten Gottes und damit wuchs die Freude über das neue Leben, das Jesus mir geschenkt hatte.

Tagebucheintragung vom Freitag, den 03. März 1995
Ich feiere heute ein Fest. Ich habe diese Woche einen Durchbruch erlebt. Die Wahrheit ist zu mir durchgedrungen. Gestern habe ich bereits Marion in der Mensa den Sündenfall und die Errettung im Groben erzählt.

Jesus Christus,
aus ganzem Herzen bekenne ich dir meine Schuld, dass ich
ohne dich leben wollte. Vergib mir diese Zielverfehlung, diese
Sünde, die ganz viele Sünden mit sich gebracht hat (ich habe
sie dir ja, soweit sie mir bekannt sind, Montagabend aufge-
zählt). Ich vergebe auch den Menschen, die mich, gefangen in
der Sünde, verletzt haben. Du wirst das letzte Wort darüber
haben. Reinige mich vollständig mit deinem Blut. Ich bin dein
Kind, sei ganz und gar mein Herr, komme ganz tief in mein
Herz. Verändere alles, was du an mir verändern möchtest.
Zeige mir deutlich, wenn ich in Gefahr bin, Irrwege zu gehen
(auch durch Gedanken, die mich runterziehen). Überschütte
mich mit deiner Liebe, ich brauche sie so sehr. Hilf mir im
Kampf gegen die bösen Mächte, die von außen und innen an
mich rangetragen werden. Ich sage ab Teufel und Finsternis
und okkulten Praktiken. Zeige mir alles, was okkulte Prak-
tiken sind. Die »alte« Inge ist tot. Du hast sie mit ans Kreuz
genommen. Du bist für mich auferstanden. Wir sehen uns
eines Tages wieder, genauso wie ich meine abgetriebenen Kin-
der wieder sehe. Ich bin dein und möchte lernen, mich deiner
Liebe ganz hinzugeben. Überschütte mich mit Gaben. Ich
gehöre dir. Danke für Deine Gnade und Liebe.

Und ich hatte das Bedürfnis, meinem himmlischen Vater, zu dem
die Gemeinschaft jetzt wieder direkt möglich war, einen »Brief« zu
schreiben:

Lieber Vater,
die verlorene Tochter ist zu Hause. Die lange, mühsame Reise
hat ein Ende. Schließe die Tür. Hier gibt es keinen Kampf mit der
Finsternis. In deinem Haus ist Licht, pures Licht. Ich bin müde
und gleichzeitig erfrischt. Ich möchte mich in deinen Armen
ausruhen. Ich möchte deine Nähe genießen. Ganz du und ich.
Du sagst mir: »Ich liebe dich, schön, dass du da bist. Ich habe
dir alles vergeben.« Und ich sage: »Ich liebe dich. Ich möchte
immer bei dir bleiben. Danke, dass du mir alles vergeben hast.

Du hast meine Entscheidungen jeweils akzeptiert (in deiner unendlichen Liebe). Du hast viele meiner schwierigen Lebenssituationen nicht eingefädelt. Das habe ich getan, mit der Sünde in mir. Ich habe die Verantwortung. Doch du hast in jeder Situation so versucht zu wirken, dass ich langsam, Jahr für Jahr, offen und weich wurde für dich. Danke. Danke, dass du deinen Sohn geschenkt hast. Danke für deinen Heiligen Geist. Danke für alles. Ich sehe deine Freude. Ich weiß, du hast immer auf mich gewartet. Es tut mir Leid, dass ich dir wehgetan habe.«

In Gottes Reich

Durch unsere Wiedergeburt werden wir durch den Samen Gottes von Neuem geboren (Joh 3, 3). Wir erhalten eine neue Identität: wir sind Heilige und Kinder in Christus. Wir sind vom Reich der Finsternis in das Reich des Lichts – den Garten Eden – versetzt. Wir sind bereits Bürger des neuen Reiches, das eines Tages, wenn Jesus Christus in Macht und Herrlichkeit wiederkommt (Mt 24, 30), auf Erden ganz sichtbar sein wird.

»Bei Ihrer Wiedergeburt kam Ihre Seele in Verbindung mit Gott, ähnlich wie Adam anfangs mit Gott in Verbindung war. Sie wurden geistlich lebendig und seither steht Ihr Name im Buch des Lebens (Offb 21, 27) ... Im Gegensatz zum Glauben vieler Christen ist also ewiges Leben nicht etwas, das wir nach dem Tode bekommen. Sie sind schon jetzt geistlich lebendig in Christus durch Ihre geistliche Wiedergeburt. Sie werden nicht später mal geistlich lebendiger sein als heute. Das Einzige, das sich nach Ihrem körperlichen Tod ändern wird, ist, dass Sie Ihren alten, irdischen Leib austauschen werden gegen einen neuen. Aber Ihr geistliches Leben in Christus, das mit Ihrer Hingabe an Ihn begann, wird einfach weitergehen.«[44]

Auch wenn Gott uns in seiner Barmherzigkeit die Vergebung anbietet, ist dies kein »Freifahrschein« für das Sündigen.

---

[44] Neil T. Anderson; Neues Leben – neue Identität, Lage 1990, S. 40

Was sollen wir nun dazu sagen? Sollen wir denn in der Sünde beharren, damit die Gnade um so mächtiger werde? Das sei ferne! ... Wir wissen ja, das unser alter Mensch mit ihm gekreuzigt ist, damit der Leib der Sünde vernichtet werde, so dass wir hinfort der Sünde nicht dienen. Denn wer gestorben ist, ist frei geworden von der Sünde. Sind wir aber mit Christus gestorben, so glauben wir, dass wir auch mit ihm leben werden (Röm 6, 1+6-8)

Doch wir werden als Kinder Gottes auch weiterhin schuldig werden – an anderen und an uns selbst. Dadurch, das Gott in uns wohnt, werden wir sogar sensibler für unsere Fehlhaltungen und -handlungen. Wenn diese Dinge in unserem Herzen ans Licht kommen, versucht der Satan natürlich, unser Gewissen damit zu belasten. Doch wir müssen lernen zwischen Schuld, die Gott sofort vergibt, wenn wir sie bekennen (1. Joh 1,9) und unnötigen Schuldgefühlen zu unterscheiden, von denen Gott uns befreien möchte. Die Kinder Gottes sind nicht mehr zu verklagen (Röm 8, 33+34). Gott holt diesen »Müll« ans Licht, um an unserem Charakter zu arbeiten und uns Schritt für Schritt in das Ebenbild seines Sohnes zu verwandeln.

Das eine aber wissen wir: Wer Gott liebt, dem dient alles, aber auch wirklich alles zu seinem Heil; denn dazu hat Gott selbst ihn erwählt und berufen. Wen Gott nämlich erwählt hat, der ist nach seinem Willen auch dazu bestimmt, seinem Sohn ähnlich zu werden, dem Ersten unter vielen Brüdern (Röm 8, 28+29).

Es mag sein, dass wir nach unserer Wiedergeburt zunächst keinen großen Unterschied in unserem Alltag bemerken, in den Konflikten und Sorgen, mit denen wir konfrontiert werden. Doch Gott sieht uns ganz anders. Für ihn sind wir rein und heilig. Mit der Entscheidung für Jesus hat er bestimmt, dass wir ein »neuer Mensch« (2. Kor 5, 17) werden und eine neue Identität erhalten. Gott repariert und flickt nicht an alten Sachen herum. Er spricht und die Dinge werden existent – neu und wunderschön. Der neue, geistliche Wein kommt in neue Schläuche (Mt 9, 17) und neue Identitäten entstehen. Je mehr wir uns dieser neuen Identität als Kinder Gottes bewusst werden, desto mehr werden wir

Minderwertigkeitsgefühle und Stolz hinter uns lassen. Bei Gott geht es nicht darum, wie bei vielen anderen spirituellen Heilsangeboten, uns immer noch weiter zu entwickeln und zu verbessern, sondern in ein bereits bestehendes Sein – nämlich unsere neue Identität als Kind Gottes – hineinzuwachsen. Dann kommen wir zur Ruhe, selbst wenn wir mitten im Sturm des Lebens stehen. Dies ist ein Prozess, der mit Rückschritten verbunden ist, aber insgesamt bergauf geht. Wenn ein einsames, verängstigtes Kind in eine neue Familie adoptiert wird, wird es sich sicherlich noch eine ganze Weile nach seinen alten Mustern verhalten, entweder sehr rebellisch oder überangepasst oder beides im Wechsel. Sein Herz braucht Zeit, um die Wahrheit aufzunehmen, dass es »gereinigt« ist, neue Kleider trägt (Mt 9, 16), und eindeutig zur neuen Familie gehört, wo es bedingungslos geliebt wird.

»Christsein heißt nicht nur, etwas zu bekommen; es heißt, jemand zu sein. Ein Christ ist nicht nur eine Person, die Vergebung, ewiges Leben, den Heiligen Geist und eine neue Natur bekommt. Christsein bedeutet im tiefsten Wesen unserer Identität, ein Heiliger, ein geistlich geborenes Kind Gottes, ein göttliches Meisterstück, ein Kind des Lichts, ein Bürger des Himmels zu sein. Wieder geboren zu sein verwandelt Sie in eine Person, die vorher nicht existierte. Was Sie als Christ alles bekommen, ist nicht der Punkt; wichtig ist, wer Sie sind. Nicht was Sie als Christ tun, bestimmt Ihre Identität, sondern wer Sie sind, bestimmt Ihr Tun.«[45]

Am Karfreitag, den 13. April 1995 habe ich mich in der Freien Christengemeinde taufen[46] lassen. Bei meinem Zeugnis darüber, wie

---

[45] Neil T. Anderson, a.a.O., S. 40

[46] Die Bibel bezeugt an mehreren Stellen, dass der Taufe die freiwillige Hinwendung zu Jesus Christus vorausgeht (Mt 16,15+16; Apg 2,38). Der Glaube bewirkt das ewige Leben, nicht die Taufe. Diese ist jedoch ein wichtiger Schritt, um in der Öffentlichkeit Zeugnis davon zu geben, dass man die eigene Regie abgegeben und Jesus als Herrn angenommen hat. Die Taufe symbolisiert die Identifizierung mit Christus in seinen Tod (Kol 2,12; Röm 6,4+5 u.a.). Bei der Taufe wird im Namen des Vaters, des Sohnes und des Heiligen Geistes (Mt 28,19) der ganze Körper untergetaucht (das griechische Wort für Taufe »baptiso« kann mit versenken, eintauchen, untertauchen wiedergegeben werden). Ausnahmen akzeptierten die Apostel nur im Krankheitsfall oder wenn die Gegend extrem wasserarm war.

ich zum Glauben gekommen bin, habe ich zum Schluss folgendes
Gedicht eines Afrikaners vorgelesen, das mir sehr gut gefällt:

Herr, ich habe es satt,
den Hals zu verdrehen
und jedem Trugbild nachzugaffen.
Ich drehe mich nicht mehr um.
Geradeaus sehe ich und schweige.
Ich gönne meinem Nacken Ruhe,
Denn mein Nacken ist müde,
müde vom ewigen Drehen und Wenden.
Mach mich zu einem Menschen,
der geradeaus geht,
dass ich nur auf deinen Weg schaue,
den Weg, den du zeigst.
Meine Ohren sind müde
vom Lärm der Züge und Autos,
müde vom Nachhall der Worte,
vom Kopfweh kommender Tage
sehr, sehr müde und beinahe ertötet
vom klingenden, betäubenden Lärm.
Ich habe es satt, gereizt zu werden,
gereizt von den vielen Dingen draußen
und von der Selbstsucht drinnen.
Herr, reize du mich,
dass deine große Liebe mich treibt
und ich in Ewigkeit fröhlich bin.

JOHN MBITI, KENIA
(Quelle unbekannt)

3.3 Befreit zu lieben

a) Der hingabefähige Mensch

Die Frau, die zu einer partnerschaftlichen oder einer anderen zwischenmenschlichen Beziehungssucht neigt, verfügt über sehr wertvolle charakterliche Eigenschaften und Stärken. Sie besitzt eine natürliche Neigung, für andere da sein zu wollen und eigene Interessen zurückstellen zu können. Sie ist bereit, in Konfliktsituationen an sich zu arbeiten und kann sich oftmals in andere einfühlen. Fritz Riemann hat in seinem sehr verbreiteten Buch »Grundformen der Angst« diesen hingabefähigen Menschentypen sehr gut in der »depressiven Persönlichkeit« beschrieben:[47]

> *»Die Fähigkeit zur einfühlenden Identifikation, dazu also, einen anderen Menschen in liebender Zuneigung in seinem Wesen zu erfassen und in transzendierender Teilhabe ihn mitzuerleben, ist für depressive Menschen besonders charakteristisch und eine ihrer schönsten Eigenschaften. Echt gelebt, ist sie ein wesentliches Element alles Liebens, ja aller Menschlichkeit.«*

Riemann geht in einem weiteren Abschnitt auf den »Gegentyp« der depressiven Persönlichkeit, die so genannte »schizoide Persönlichkeit« ein. Diese hält sich eher auf Distanz und meidet enge Gemeinschaft: Gefühle und Bedürfnisse nach Nähe und Hilfe kann sie nur sehr schwer artikulieren. Dabei können die schizoiden Züge sehr unterschiedliche Intensitäten annehmen; der Kanon der Lebensformen einer schizoiden Persönlichkeit reiche von gesund, worunter Riemann leicht Kontaktgehemmte einordnet, über Außenseiter bis hin zu Kriminellen und Psychotikern. Er sieht sowohl beim Einzelnen als auch in der Gesellschaft eine zunehmende Gefahr der Vereinzelung und Bindungsarmut.

---

[47] Fritz Riemann; Grundformen der Angst; München 1979; S. 59ff.

141

»Aber auch die gesamte Umweltsituation des westlichen Men-
schen wirkt sich schizoidisierend aus: die Welt gibt uns immer
weniger Geborgenheit, trotz allem Komfort fühlen wir uns
immer gefährdeter, und unser Lebensgefühl wird labilisiert
durch die Überfülle an Reizen, denen wir ausgesetzt sind und
gegen die wir uns nur schwer abschirmen können ... Die
Beherrschung der Natur, die Zeit und Raum überwindende
Technik und die Lebensbedingungen, unter denen wir unseren
Existenzkampf führen müssen, drohen unsere gemüthaften
Seiten immer mehr verkümmern zu lassen, so dass wir von
einem Schizoidisierungsprozess der Gesellschaft sprechen kön-
nen.«[48]

Die Stärken des depressiven bzw. Nähe liebenden[49] Menschen
sind, wenn sie auf gesunde Weise gelebt werden, eine echte und
notwendige Bereicherung in dieser zunehmend kontakt- und bin-
dungsarmen Gesellschaft.

Doch leider bleibt der beziehungsorientierte Mensch, und dies
sind im Allgemeinen Frauen, oft weit hinter seinem »guten Potenzial« zurück:

- in einer Umwelt, in der Distanz und Unabhängigkeit als wichtige Werte favorisiert werden, werden Feinfühligkeit und
Nähebedürfnisse eher als Schwäche belächelt. Der Nähe-
mensch ist in Gefahr, in einem Leiden an sich selbst und der
Welt »stecken zu bleiben«, wenn er nicht lernt, selbstbewusst
zu seinem Naturell zu stehen.

- Wenn der Nähe liebende Mensch in seiner Kindheit mit seinem Naturell immer wieder Ablehnung und Unverständnis
geerntet hat, ist er später allerdings kaum in der Lage, seine
Stärken gesund zu leben. Er ist gefangen in tiefen Schamge-

---

[48] Fritz Riemann; a.a.O.; S. 41

[49] Ich habe diesen sehr schönen Ausdruck gefunden bei: Waltraud und Heinrich Kaufmann; Unsicherheiten als Chance; Typbedingte Ängste und was sie sagen wollen;
Gießen 1995

fühlen[50] der Unzulänglichkeit und Minderwertigkeit. So werden die Stärken zu Schwächen, mit denen er sich selbst und andere belastet (Beziehungssucht).

- Wie ich im Abschnitt 3.2 aufgezeigt habe, ist der Mensch, der ohne bewusste Beziehung zu Gott lebt, noch unter dem »Gesetz der Sünde«. Satan, der sein Hausherr ist, nutzt alle von Gott gegebenen gesunden Fähigkeiten, um diese ins ungesunde Extrem zu führen. So kann der distanzfähige Mensch zu gefühlskalt und der Nähe liebende Mensch zu abhängig, ja hörig werden. Für beide ist es leider nicht möglich, von sich aus diese Wiederholungs- und Teufelskreisläufe zu verlassen (Röm 7, 21-25). Gott sei Dank, wir brauchen es auch nicht aus eigener Kraft erreichen. Somit ist Kapitulation, wenn sie durch alle inneren Kämpfe hindurch einmal vollzogen ist, völlig erleichternd und befreiend.

- Auch die politischen, emanzipatorischen oder spirituellen Ideologien sind keine Möglichkeit, das »gesunde Potenzial« voll auszuschöpfen. Die New Age-Lehre von der Verbundenheit aller Dinge ist gerade für den Nähe liebenden Menschen, der in unserer Kultur so schmerzlich Wärme und Geborgenheit vermisst, ein sehr attraktives Angebot. Doch er bleibt letztlich hungrig in dem Kreislauf von religiöser Anstrengung und Depression gefangen.[51]

---

[50] 1993 habe ich mich mit dem Begriff der toxischen Scham auseinander gesetzt, welche von der gesunden Scham unterschieden werden muss. Dabei entdeckte ich neben meiner Neigung zu falschen Schuldgefühlen eine tief sitzende Schamwunde, mit der ich, unabhängig davon, was ich tat, immer das Gefühl hatte, nicht genug getan zu haben bzw. irgendwie »falsch und unzulänglich« zu sein. Für das theoretische Verständnis der Scham waren folgende Bücher sehr hilfreich für mich, der Lösungsansatz selber beruht jedoch auf dem Grundgedanken der Selbstbefreiung. John Bradshaw; Wenn Scham krank macht; a.a.O; Patricia & Ronald Potter-Efron; Schamgefühle verstehen und überwinden; München 1992

[51] Inge Westermann; Sehnsucht nach dem verlorenen Paradies; Erfahrungen mit New Age und Christentum; Holzgerlingen 2001

Nicht selten zieht sich die Nähe liebende Frau, die zur Beziehungssucht neigt, nach einigen Versuchen, sich zu öffnen und Liebe zu verschenken und zu bekommen, völlig zurück. Sie ist müde und frustriert von ihren Anstrengungen. Nicht selten ist sie verbittert und verweigert sich ihrer Umwelt und damit die in ihr steckenden, von Gott geschenkten Beziehungsfähigkeiten. Sie lebt in der inneren Isolierung und leidet mehr als der Distanz liebende, schizoide Mensch an Einsamkeit aufgrund mangelnden Austausches, den sie durch ihr Naturell bedingt so dringend benötigt. Es ist eine echte Tragik: innerhalb einer Beziehung ist der Beziehungssüchtige gefährdet, sich als Mensch zu verlieren – seine Kraft, sein Herz, seine Würde. Er verletzt sich selber und nicht selten den anderen, was er, in seiner Abhängigkeit von diesem Menschen, so gerne vermeiden möchte. Doch ohne tiefere Beziehung ist der Beziehungssüchtige sehr schnell gefährdet, zu vereinsamen und in Depressionen zu verfallen. So pendelt der hingabefähige Mensch, der in einer Beziehungssucht gefangen ist, zwischen schmerzhafter Abhängigkeit und Beziehungsverweigerung und Rückzug.

Wie ein Dornstrauch in der Wüste

Einige Zeit nach meiner Umkehr zu Jesus fand ich folgenden Vers, in dem ich die Folgen meiner oftmals ungesunden Menschenorientierung sehr gut beschrieben fand. Wieder ist Gott in seinem Wort sehr klar und unmissverständlich:

> *Ich, der Herr, sage: Mein Fluch lastet auf dem, der sich von mir abwendet, seine Hoffnung auf Menschen setzt und nur auf menschliche Kraft vertraut. Er ist wie ein Dornstrauch in der Wüste, der vergeblich auf Regen wartet. Er steht in einem dürren, unfruchtbaren Land, wo niemand wohnt (Jer 17, 5+6).*

Wieder ist es die selbst eingeholte, »logische« Ernte der Dürre und todesähnlichen Atmosphäre, die den Menschen umfängt, wenn er seine Lebensfreude und -zufriedenheit unabhängig von der göttlichen Lebensquelle ganz über andere Menschen oder nur über eigene Kraft aufbauen und erhalten möchte. Doch der harten Aussage von Jeremia 17, 5+6 folgt die verheißungsvolle Zusage des liebenden Gottes.

Wie ein Baum, nah am Bach

Doch ich segne jeden, der mir vertraut. Er ist wie ein Baum, der nah am Bach steht und seine Wurzeln zum Wasser streckt: die Hitze fürchtet er nicht, denn seine Blätter bleiben grün. Auch wenn ein trockenes Jahr kommt, sorgt er sich nicht, sondern trägt Jahr für Jahr Frucht (Jer 17, 7+8).

Die verlorene Tochter ist nach der einsichtigen Umkehr am Schweinetrog nach Hause gekommen. Es gab viele Freudentränen und ein großes Fest. Nun gilt es, in dem wachsenden Vertrauensverhältnis zu Gott, alte Denk- und Verhaltensweisen infrage zu stellen, vertrauen und lieben zu lernen.

Eine eigene Persönlichkeit werden

Gott möchte dem Nähe liebenden Menschen, der zu einer Beziehungssucht neigt, eine echte Hilfe anbieten, seine Fähigkeiten auf gesunde Weise zum Ausdruck bringen zu können. Er möchte uns aus dem Wechsel von Abhängigkeit und Beziehungsverweigerung herausholen. Ihm ist sehr daran gelegen, uns durch ein wachsendes Vertrauensverhältnis zu ihm zu helfen, die alten, tief sitzenden Gedankengebäude der Minderwertigkeit und Unzulänglichkeit, die Ängste, Zwänge und Süchte zur Folge haben, hinter uns zu lassen. Und er möchte und kann dem beziehungssüchtigen Menschen helfen, »Nein« zu sagen und eine eigenständige, sein Naturell annehmende Persönlichkeit zu werden.

»Der Näheliebende muss lernen, sich selbst wichtiger zu nehmen und zu seinem eigenen Schutz auch einmal Abgrenzung oder Konfrontation zu wagen ... Der Näheliebende nimmt zu wenig Rücksicht auf sich selbst und die eigenen Bedürfnisse. Er lebt vor allem für die anderen, weil er meint, dadurch Beziehungen aufrecht erhalten zu können. Was er lernen muss, ist stärker ›mit sich selbst identisch‹ zu leben. Echtheit ist gefragt, auch wenn das Gegenüber dann einmal enttäuscht reagieren mag. Eine Beziehung, die Echtheit nicht erträgt, ist es nicht wert, gepflegt zu werden. Was aufgrund

von liebevoller Wahrhaftigkeit auseinander geht, ist besser getrennt.«[52]

ungesund. Extrem	gottgeschenkte Fähigkeiten		ungesund. Extrem
Verweigerung	Abgrenzung	Hingabe	Abhängigkeit
Lähmung/Passivität	Loslassen	Aktivität	Aktivismus

Tab. 1: Gottgeschenkte »Gegensatzpaare«:[53]

Die gottgegebenen Fähigkeiten zu Abgrenzung und Hingabe werden, wenn sie unerlöst sind, zu den Extremen der Verweigerung bzw. ungesunden Abhängigkeit. Hingabe ohne Abgrenzung wird zur Abhängigkeit, Abgrenzung ohne Hingabe zur Beziehungsverweigerung. Ebenso gilt es, mit Gottes Hilfe zwischen Aktivismus und Passivität – beides Extreme, zu denen der Beziehungssüchtige neigt – eine gesunde Mitte zu finden.

Bei der notwendigen Abgrenzung geht es sowohl darum, äußere Grenzen deutlich zu machen, als auch vor allem darum, innere Grenzen zu setzen. Doch dies ist sehr schwierig, da die möglichen Verlustängste und Schuldgefühle, gerade nachdem der Beziehungssüchtige mal klar und einfach er selber war, ihn manchmal nahezu grenzenlos überfluten können. Auch äußere Widerstände sind nicht selten. Es ist jedoch wichtig, aus dem sehr einengenden Schutzmantel des Vermeidungsverhaltens herauszukommen und mit Abgrenzung und Eigenständigkeit Erfahrungen zu machen. Nur so kann der beziehungsorientierte Mensch seine Fähigkeit zur Hingabe und Liebe auf eine gesunde Weise zum Ausdruck bringen. Er ist zum »Ja« fähig, weil er gelernt hat, »Nein« zu sagen.

---

[52] Waltraud und Heinrich Kaufmann; a.a.O.; S. 27/28
[53] in Anlehnung an: Hanne Baar; Das Gute kennen – Ausstieg aus negativen Haltungen; in: Befreiende Wahrheit; a.a.O; Nr.2, S.76

b) Geborgen in Gottes Liebe

Damit uns das Zusammenspiel von klarer Abgrenzung und liebevoller Hingabe gelingen kann, brauchen wir die Grunderfahrung einer bedingungslosen Annahme. Wir brauchen einen Ort der Zuflucht und ein Gegenüber, dass das verletzte Kind in uns, das zu wenig eigenständigen Spielraum hatte und dessen Grenzziehungen nur wenig Beachtung fanden, wertschätzt. In letzter Zeit sind einige psychologische Bücher erschienen, in denen es darum geht, eigener Vater und eigene Mutter für das verletzte Kind in uns zu sein. Ich glaube, dass diese Übungen oder auch die Erfahrung, von einem anderen Menschen angenommen zu werden, einiges zum Positiven bewirken können. Doch wieder steht hier der Mensch – der andere oder ich selber – mit all seiner Begrenztheit im Mittelpunkt.

Erst in Gott, der ein liebendes und mir zugewandtes personales Gegenüber ist, mache ich die so heilsame Erfahrung von bedingungsloser Annahme. Dadurch kann fehlendes Urvertrauen nachgeholt werden und Gelassenheit entstehen.

> *»Gelassenheit beschreibt einen Zustand größten Vertrauens, von Geborgenheit und Zuversicht. Gelassenheit kommt von ›Gelass‹. Als Gelass bezeichnete man früher einen Raum, in dem der Mensch Schutz fand und deshalb gelassen sein konnte. Seit der Mensch sein Gelass bei Gott verloren hat, musste die Gelassenheit der Angst Platz machen. Kehrt durch eine neue vertrauensvolle Beziehung zu Gott wieder Geborgenheit ein, kann sich auch wieder Gelassenheit ausbreiten und Angst reduzieren.«[54]*

Wiederholung der alten Beziehungsspiele

Wenn ein Kind in eine Familie adoptiert wird, verhält es sich zunächst gemäß seines ihm vertrauten Beziehungsverhaltens. Genauso ist es nicht selten in der neuen Beziehung zu Gott, dass wir unsere alten »ungesunden Beziehungsspiele« wiederholen.

---

[54] Waltraud und Heinrich Kaufmann; a.a.O.; S. 23

So sind wir auf der einen Seite Gott fast hörig, ängstlich darauf bedacht, keine Fehler zu machen. Andererseits haben wir Phasen, in denen wir hohe Ansprüche stellen und Gott instrumentalisieren. Er hat uns unsere Wünsche am besten sofort zu erfüllen. Frustriert und beziehungsverweigernd wenden wir uns ab, wenn die »Glaubenssache« zu anstrengend wird. Gott erträgt diese, oft unbewussten, Spiele mit souveräner Gelassenheit. Nun machen wir die heilsame Erfahrung, dass Gott uns bedingungslos liebt. Er straft nicht und stößt uns nicht weg. Im Gegenteil: inmitten der Kämpfe unseres Egos mit Gott können wir seinen Trost und seine Aufmunterung erfahren. Doch er setzt aus Liebe zu uns auch Grenzen. Wir können uns ihm so zeigen, wie wir sind, mit unseren gesunden und ungesunden Beziehungsanteilen, er bleibt immer der gleiche, liebevolle und selbstbewusste Gott. Und in diesem Reiben und Ringen mit Gott und den zwischenmenschlichen Situationen, in die er uns stellt, haben wir eine echte Chance, gesund und beziehungsfähig zu werden. Er hat klare »Hausregeln«, die uns helfen, Achtung vor ihm und anderen zu entwickeln und das Leben zu bewältigen. Der heutige Mensch erlebt zunehmend eine schrankenlose Freiheit in den äußeren Bedingungen, bei gleichzeitiger Enge und Unfreiheit im Inneren (Ängste, Zwänge etc.). Nicht selten sind da die Angebote von Sekten attraktiv, die klare Regeln und eine überschaubare Ordnung bieten. Doch an einem solchen »Zufluchtsort« nimmt die bereits bestehende innere Unfreiheit durch äußere Rigidität und massiven Gruppendruck enorm zu. Gottes bewahrende Ordnung engt uns nur da ein, wo es für unser eigenes Wohlbefinden notwendig ist. Gleichzeitig weitet er durch einen warmen Strom der Zuneigung unser verängstigtes und zugeschnürtes Herz.

Gott – der bergende Zufluchtsort
In seinem Wort bestätigt Gott in vielen anschaulichen Bildern, dass er ein Ort der Ruhe und des Schutzes sein möchte:

> *Der Herr ist mein Fels und meine Burg und mein Erretter. Gott ist mein Hort, auf den ich traue, mein Schild und Berg meines*

Heils, mein Schutz und meine Zuflucht, mein Heiland, der du mir hilfst vor Gewalt. (2. Sam 22, 2+3).

Bei ihm bin ich geborgen wie in einer Burg, vor wem sollte ich noch zittern und zagen (Ps 27, 1b).

Wer unter dem Schutz des Höchsten wohnt, der kann bei ihm, dem Allmächtigen, Ruhe finden. Auch ich sage zu Gott, dem Herrn: »Bei dir finde ich Zuflucht, du schützt mich wie eine Burg. Mein Gott, dir vertraue ich« (Ps 91, 1+2).

In vor mir liegenden, schwierigen Konfliktsituationen, denen ich oftmals noch so gerne ausweichen möchte (bis hin zum gedanklichen Spiel mit dem Tod), hilft Gott mir immer wieder tröstend mit den Worten:

Habe keine Angst, Inge, denn ich habe dich erlöst! Ich habe dich bei deinem Namen gerufen, du gehörst zu mir. Wenn du durch tiefes Wasser oder reißende Ströme gehen musst – ich bin bei dir, du wirst nicht ertrinken. Wenn du ins Feuer gerätst, bleibst du unversehrt (Jes 43,1-2).

Gott möchte wie eine Mutter ihre Kinder bewahren und schützen.

Jerusalem, Jerusalem, ... wie oft habe ich deine Kinder versammeln wollen, wie eine Henne ihre Küken versammelt unter ihre Flügel; und ihr habt nicht gewollt! (Mt 23, 37).

Ich will euch trösten, wie einen seine Mutter tröstet (Jes 66,13).

Meine Seele ist still und ruhig geworden, wie ein kleines Kind bei seiner Mutter (Ps 131,2).

Gott streitet für uns

Wir werden anfangen, uns in Gott geborgen zu fühlen – und damit Menschenfurcht zu verlieren – wenn wir verinnerlichen, wie zärtlich und liebevoll Gott auf der einen Seite, aber auf der anderen Seite auch wie stark und allmächtig er ist. Jesus streitet für uns gegen Satan und seine Versuche, uns zu verunsichern. In schwierigen Situationen sollten wir lernen, uns in seiner Kraft zu bergen und uns hinter ihm zu verstecken; er will unser Schild sein. Dies zu verinnerlichen, hilft, sich den unangenehmen Situationen zu stellen. Gott ist mit uns und er ist immer stärker als jede scheinbar hoffnungslose Situation, die uns alleine überfordern würde.

»Wer nicht begriffen hat, dass Gott im Kampf steht, der hat auch den Schlüssel nicht gefunden, der ihn von der Angst befreien kann. Nur wenn ich weiß, dass Gott den Kampf aufgenommen hat gegen die Finsternis in dieser Welt, kann ich wie ein Spatz unter freiem Himmel leben. Ich brauche mich nicht zu fürchten vor der Zukunft und vor den Menschen, wenn ich weiß, dass Gott für mich streitet.«[55]

Gottvertrauen lernen in den Alltagssituationen

Um uns in Gott geborgen und gleichzeitig wieder frei zu fühlen, beschenkt er uns mit einer Fülle von Vertrauen erweckenden Erfahrungen (Trost, eine »zufällige« Begegnung mit jemandem, der uns in einer bestimmten Frage weiterhilft etc). Er schenkt uns sein Wort, durch das wir sein Wesen immer mehr kennen lernen können. Zusätzlich stellt Gott uns in Situationen, in denen er uns an einen Entscheidungspunkt stellt, an dem wir herausgefordert werden, uns in alter Weise zu verhalten oder einen bewussten Schritt in eine tiefere Vertrauensbindung zu Gott einzugehen. Sei es, indem wir es endlich wagen, Gott die Enttäuschung und den Ärger über eine bestimmte Sache so zu zeigen, wie wir ihn auch empfinden, oder sei es durch eine erneute Bestätigung unseres anfänglichen Ja für Gott, obwohl unser Herz nicht so fühlt und die Umstände so aussehen, als ob Gott sich zurückgezogen hätte. Diesen Vertrauensschritten gehen, die Erfahrung habe ich gemacht, im Allgemeinen kurze oder längere »Tunnelzeiten« von einigen Stunden bis hin zu Monaten voraus, in denen Gott Situationen zulässt, die ungesunde oder eigensinnige Herzenshaltungen sichtbar machen sollen.

[55] Peter Barall; a.a.O; S. 62

Die Wunde hinter der Mauer

Im März 1995 meldete ich mich in unserer Gemeinde zu dem Seelsorgeseminar »Heilung der Persönlichkeit« an. Es wurde von einer Person geleitet, der jahrelang drogenabhängig war und durch seine Entscheidung für Jesus und der Heilung seiner Vergangenheit heute in der Lage ist, anderen Menschen, vor allem Drogenabhängigen in Zürich, zu helfen. In Anlehnung an »Die Wiederherstellung der Persönlichkeit«[56] vermittelte er auf eine sehr anschauliche Weise, wie sich im Laufe unseres Lebens eine tiefe Wunde durch die erlebte Ablehnung und Zurückweisung durch frühere oder spätere Autoritätspersonen bildet. Wir errichten Schutzmauern des Stolzes und Misstrauens, um uns vor weiteren Verletzungen zu schützen. Gott lässt viele Stürme im Leben zu, damit diese Mauersteine ins Wanken geraten. Es war höchst interessant aus christlicher Sicht erklärt zu bekommen, wie viele Mauersteine ich bereits als Kind aufgebaut und wie ich in Krisen und Not versucht hatte, meine Steine der Kontrolle immer wiederaufzubauen. Nun bot sich eine echte Alternative. Wenn ich auf Gott schaue und es wage, ihm die Wunde hinzuhalten, kann er diese mit seiner Liebe verarzten. Er möchte unser Inneres mit einer bergenden »Mauer« umgeben, die uns schützt und so geschaffen ist, dass sie für die zu empfangende als auch für die zu verschenkende Liebe durchlässig bleibt. In einer anschließenden Kleingruppe bekam jemand ein Wort von Gott für mich: Wer dich antastet, der tastet meinen Augapfel an (vgl. Sach 2, 12).

Zwei Träume von Gott

Im Mai 1995 schenkte mir Gott einen Traum, in dem ich mich auf dem offenen Dachboden eines alten, verfallenen Hauses befand. Ich beobachtete einige schwarz gekleidete Verbrecher mit schwarzen Brillen, die mich plötzlich wahrnehmen und verlangen, dass ich runterkomme. Sie nehmen mir den Hausschlüssel aus meinem Rucksack und wollen ihn ihrem Anführer geben. Inmitten meiner

---

[56] Dr. Bruce Thompson und Barbara Thompson; Wiederherstellung der Persönlichkeit; Solingen 1993

Panik spüre ich deutlich, dass Jesus mich schützt. Ich gehe auf den Anführer zu und bitte ruhig um die Herausgabe des Schlüssels. Zögernd gibt er ihn mir wieder. Die Angst verlässt mich ganz und tiefe Ruhe, ja eine Art positives Machtgefühl erfasst mich. Ich nehme mir einen großen Stuhl und bleibe ruhig sitzen. Dabei wird mir bewusst, dass mich diese schwarzen Gestalten jederzeit vergewaltigen können, in dem abgelegenen Haus würde mich keiner hören. Doch sie halten sich zurück, ja wenden sich mir sogar so zu, als wenn sie darauf warteten, dass ich etwas zu ihnen sage. Und Gott sagt zu mir: »Du bist eine Priesterin, du bist mein Kind, wer dich antastet, tastet meinen Augapfel an.« Ich wusste, dass mich keiner mehr anrühren würde. In einem zweiten Traum, einige Wochen später, werde ich von schwarzen »Grufties« mit weißen, totenähnlichen Gesichtern verfolgt. Irgendwann bleibe ich stehen und will den Namen Jesus aussprechen. Doch der Mund ist wie gelähmt. Sie rücken näher. Dann eine leise Stimme in mir, die immer kräftiger wird: »Im Namen Jesu, haut ab.« Kaum habe ich dies ausgesprochen, lösen sich die Gestalten buchstäblich auf. Sie wirken lächerlich, machtlos und ängstlich. Ich lächle und wache auf. Beide Träume machen mir deutlich, dass in bedrohlichen Situationen das Finstere weichen muss, wenn wir zu Gott gehören und uns auf ihn berufen .

Durstig nach guter Lehre wie ein trockener Schwamm – der Reisesommer 1995

Im Urlaub fuhr ich zunächst zu einer christlichen Konferenz nach Bern. Es war sehr beeindruckend, mit mehreren tausend Menschen Jesus anzubeten und zu loben. Bei einem Beitrag, in dem es um die Vaterliebe Gottes ging, ergriff mich ein starker Schmerz über die schwierige Beziehung, die ich zu meinem Vater hatte. Viele fingen an zu weinen, ich traute mich anfangs nicht zu weinen, doch dann gab ich meinem Schmerz Raum. Ich konnte wieder die ganze Einsamkeit, die ich als Kind empfunden habe, spüren. Einige beteten für mich und nach einiger Zeit war der Schmerz vorbei. Ich war völlig er-schöpft, doch gleichzeitig sehr entspannt und erleichtert. Direkt an-schließend fuhr ich zu einer christlichen Schule in Mudau, wo ich mit Christen verschiedenen Alters meinen Urlaub verbringen wollte. Wie ein trockener Schwamm nahm ich jeden Vormittag die gute Lehre über verschiedene biblische Themen auf. Und auch wenn ich mich durch Minderwertigkeitsgefühle und Gruppenängste oft noch sehr unfrei fühlte, genoss ich die Gemeinschaft mit Gleichgesinnten.

Wieder zu Hause las ich mit großem Interesse das Buch »Ich kann's nicht allen recht machen« von Jeff Van Vonderen[57]. Ich fand mich sehr gut in den Ausführungen über den Teufelskreis von eigener Anstrengung und Erschöpfung wieder, dem, nach Meinung des Autors, eine Wunde des Schams zugrunde liegt. Das Buch gab mir Hoffnung und Zuversicht, dass ich nun, mit Jesus und seiner Liebe, eine echte Chance hatte, in den neuen gesunden »Kreislauf der Ruhe« hineinzuwachsen.

Suche nach einer neuen Wohnung, Überforderung durch ein Fest am Heiligabend

Von Oktober bis Dezember 1995 suchte ich zunächst intensiv nach einer neuen Untermieterin und, als alle Gespräche fruchtlos verliefen, nach einer eigenen, günstigen Wohnung. Währenddessen bereitete ich mit Carolin ein öffentliches Heiligabendfest in der Gemeinde vor. Wie bereits bei der Frauengruppe Anfang 1995 merkte ich sehr schnell, dass ich mit dieser umfangreichen Organisation noch völlig überfordert war. Doch ich wollte Carolin mit der Verantwortung nicht alleine lassen. Mit Gottes Hilfe haben wir einen sehr schönen Abend auf die Beine gestellt, an dem jeder Gast ein Geschenk erhielt. Traurig waren wir darüber, dass trotz intensiver Werbung (Zeitung, Anruf bei der Telefonseelsorge, Radio, Handzettel) nur wenige fremde Gäste kamen.

Im Januar und Februar 1996 renovierten Egon und ich die neue Wohnung und bauten gemeinsam eine neue Einbauküche ein. Am 17. Februar bin ich umgezogen und bereits ein paar Tage später saß ich im Zug zu einer christlichen Kurklinik in Altensteig/Schwarzwald.

---

[57] Jeff Van Vonderen; Ich kann's nicht allen recht machen; Der richtige Umgang mit Erwartungen und Ansprüchen; Wuppertal 1985

Gott öffnet den Weg für eine christliche Kur

Ich hatte bereits 1994, kurz nach meiner letzten ABM-Stelle einen Kurantrag gestellt. Hier äußerte ich den Wunsch, in eine Kurklinik zu kommen, die nach dem 12-Schritte-Programm arbeitet. Ich erhielt die Zusage und für den Sommer 1995 einen Platz in der Kurklinik in Grönenbach/Allgäu. Tagelang rang ich mit mir, ob ich diese Kur noch antrete. Ich wollte mittlerweile lieber in eine christliche Kurklinik, gleichzeitig wollte ich Gottes Weg für mich akzeptieren. Vielleicht wollte er ja, dass ich diese Kur mache, vielleicht sollte ich dort mit Menschen über den christlichen Glauben ins Gespräch kommen? Ich rang mit einer Entscheidung und rief schließlich die BfA-Angestellte in Berlin an und schilderte ihr kurz die neue Situation. Sie kannte dieses Haus noch nicht, wollte sich jedoch Unterlagen besorgen und empfahl mir, einen formlosen Antrag zu stellen. In diesem Brief schilderte ich kurz meine Entscheidung für den christlichen Glauben. Weiterhin bezog ich mich auf die Stelle im Johannesevangelium, Kapitel 5, Vers 6, in der Jesus einen Mann, der schon 38 Jahre krank war, fragt, ob er gesund werden will. Ich wollte wie dieser Mann gesund werden, um dadurch das Gesundheitssystem, langfristig gesehen, nicht mehr zu belasten. Gott machte die Tür auf und ich war bis Mai 1996 für 10 Wochen in einer christlichen Kurklinik.

Ich war in einem Haus mit etwa 25 Christen untergebracht. Wieder genoss ich die Gemeinschaft mit Menschen, die »den gleichen Geist haben«. Wir sangen, beteten, spielten und unterhielten uns viel miteinander. Auf Dauer belastend war für mich die Tatsache, dass ich keinen Raum für mich hatte, auch Spaziergänge waren aufgrund des schlechten Wetters kaum möglich. Ich entwickelte starke Ängste, weil ich keinen Schutzraum hatte, in dem ich auftanken konnte. Ich betete und flehte immer wieder zu Gott. In ersten, zarten Ansätzen lernte ich, Gott als Schutzraum und zeitweiliges Schneckenhaus anzunehmen. Ungefähr in der Mitte der Zeit hatte meine innere Not jedoch wieder solche Ausmaße angenommen, dass ich von starken Selbstmordimpulsen gequält wurde. Immer wieder überschwemmten mich Unzulänglichkeitsgefühle und der Gedanke, dass es mich eigentlich nicht geben dürfe.

Endlich vom Kopf ins Herz – ich darf sein!

An einem Sonntag fuhren wir mit einigen Leuten zum Gottesdienst in der näheren Umgebung. Anschließend gab es Gelegenheit zum Gebet. Ich schilderte der lieben Mitchristin mein Leid, und dass ich glaubte, dass meine Mutter sehr unglücklich darüber gewesen war, dass sich noch ein fünftes Kind angemeldet hatte. Sie betete für mich und Gott ließ, ich habe kein anderes Wort dafür, ein richtiges Wunder geschehen. Ich wurde von einem tiefen Empfinden meiner Existenzberechtigung erfasst sowie von der Tatsache, dass Gott wollte, dass ich geboren wurde. Gleichzeitig zeigte er mir, dass meine Eltern ganz normale Menschen waren, unvollkommen und oftmals schwach. Und ich begriff, dass ich keinen Deut besser bin als sie und dass ich als Erwachsener nicht minder schwere Fehler begangen hatte. Sie waren plötzlich nicht nur meine Eltern, sondern einfach Menschen, die, genau wie ich, versucht haben, aus eigener Kraft ihr Leben zu leben. Sie hatten ihre Pflicht getan und mir, inmitten ihrer belastenden Eheprobleme, das gegeben, was sie in der Lage gewesen waren zu geben. Ein paar Tage später schrieb ich meiner Mutter, dass ich sehr dankbar dafür bin, dass sie mich geboren hat, und dass mir mein trotziges und manchmal verletzendes Verhalten ihr gegenüber Leid täte. Für meinen Vater hat Gott mir in dieser Zeit mitfühlendes Verständnis geschenkt. In einer gruppentherapeutischen Übung machte er mir klar, dass ich meinem Vater ähnlicher bin als meiner Mutter. Und mit der jahrelangen Ablehnung seines Wesens hatte ich gleichzeitig mich abgelehnt.

Besuch in Dresden, Klaustrophobie im Bus

Kaum wieder in O., vier Wochen später als geplant, fuhr ich für einige Tage zum Christival '96 nach Dresden. Es war ein anstrengendes, aber überwältigendes und lohnendes Erlebnis. Am Sonntag besuchten wir im Stadion einen Abschlussgottesdienst mit rund 35000 Christen. Beim gemeinsamen, stillen Gebet wurde ich von einem tiefen Gefühl der Verbundenheit mit Gott und seinen Kindern erfasst. Doch insgesamt deprimierte es mich zunehmend, dass ich mit Gott nun bereits über Monate nicht mehr richtig alleine gewesen war. Ich fühlte mich oft vollkommen abgeschnitten

von ihm und dachte, ich hätte meinen Glauben verloren. Alle un-
erledigten Lebensthemen – Arbeitslosigkeit, Ehelosigkeit etc. –
bedrängten mich wieder. Auf der Rückfahrt im Bus hatte ich, ähnlich wie bereits auf der Hinfahrt, starke, fast panische Anfälle von
Klaustrophobie. Sobald der Bus im Stau stand, war die Angst unter
den vielen Menschen unerträglich und ich bat den Busfahrer, mich
einige Schritte auf der Autobahn gehen zu lassen. Irgendwann
setzte ich mich neben Magdalena und bat sie, mir Bibelstellen zum
Thema Angst vorzulesen. Langsam »wirkten« die Verse und die
Angstanfälle gingen zurück. Nach gut drei Stunden fühlte ich mich
in dem Bus, der durch die dunkle, verregnete Nacht fuhr, sogar geborgen.

Endlich wieder allein, neue berufliche Entwicklungen
Nun konnte ich endlich anfangen, meine Wohnung einzurichten
und den Stadtteil zu erkunden. In stundenlangen Gesprächen mit
Gott verarbeitete ich das Erlebte. Ich hatte nun reichlich Zeit für Spaziergänge, Tagebuchschreiben, lautes Gebet und Bibelstudium;
Dinge, von denen ich seit der Kurklinik ganz genau weiß, dass ich
sie regelmäßig brauche, um »nüchtern« zu bleiben und nicht wieder beziehungssüchtig zu werden und das »nasse Denken« zu entwickeln.
  Im August flatterte mir ein Faltblatt über eine 15-monatige Seelsorgeschulung in Hamburg ins Haus. In der Kurklinik hatte ich
mich viel mit meiner unklaren Berufssituation beschäftigt. Einige
Mitpatienten hatten mir die Rückmeldung gegeben, dass ihnen
meine Ansichten zu bestimmten Problemen in ihrem Leben manchmal eine neue Sichtweise geschenkt hatte und ob ich mir nicht vorstellen könne, im seelsorgerlichen Bereich zu arbeiten. Ich meldete
mich für die Schulung an, die ab Oktober alle vier Wochen auswärts
stattfinden sollte. In der Gemeinde übernahm ich nun im Putzbe-
reich nach fast zwei Jahren meinen ersten, regelmäßigen Dienst. Ich
traf mich alle 5-6 Wochen mit Stephanie und war sehr zufrieden mit
diesem Anfang: somit konnte ich mich in die Gemeinde, die mich
schon so beschenkt hatte, einbringen und war gleichzeitig nicht
überfordert. Außerdem begann ich, für einen Anbetungstanz zu

trainieren, den ich zusammen mit Katrin als Workshop auf einer Silvesterfreizeit anbieten wollte. Dies war kein einfache Entscheidung für mich: ich wusste, dass Gott mir die Freude am Tanzen bereits als Kind mitgegeben hatte, aber ich wollte dieses Geschenk nicht mehr missbrauchen, um über den Tanz Männer »anzumachen« und durch ihre bestätigenden Blicke mein Selbstbewusstsein zu stabilisieren. Auch wollte ich nicht mehr, dass der Tanz einen Selbstzweck hat insofern, dass ich von dem Rausch und den Glücksgefühlen nach stundenlangem Tanzen abhängig werde, wie ich es nicht selten in der Disco oder beim Tanzsport erlebt hatte. Ich wusste, dass diese Formen des Tanzes nicht in Gottes Sinne sei und ich wollte lernen, die Freude am Tanzen zu seiner Ehre und zu seinem Lob einzusetzen.

Halleluja – lobet den Herrn! Lobt Gott in seinem Tempel! Lobt ihn, den Mächtigen im Himmel ... Lobt ihn mit Tamburin und Tanz, lobt ihn mit Saitenspiel und Flötenklang! (Ps 150,1+4)

Bei den Vorbereitungen für unser Tanzprojekt bedrängten mich wieder meine hohen Ansprüche und ich hatte Zweifel, ob dieser Schritt doch noch zu früh gewesen sei. Ich sprach offen mit Katrin über meine perfektionistische Neigung und wir baten Gott, dass er uns hilft, ganz entspannt zu sein und das Projekt nicht aus eigener Kraft auf die Beine zu stellen. Es entwickelte sich eine wunderbare Zusammenarbeit, bei der wir viel Spaß hatten. Bei dem gemeinsamen Auftritt am Silvesterabend war ich sehr entspannt und gelassen, etwas, was ich bei meinen früheren Tanzauftritten nicht erlebt hatte. Damals hatte mich kurz vor dem Auftritt meistens eine panikartige Angst erfasst.

Meine erste christliche Freizeit, Seminar »Lebensplanung«

Zum Jahreswechsel 1996/97 war ich auf meiner ersten christlichen Freizeit. Ich genoss es sehr, unter mir zunehmend vertrauten Menschen zu sein. In meinem Zimmer waren Geschwister, die ich noch nicht kannte. Ich bin immer wieder angenehm überrascht, wie schnell der Herr seine Kinder zusammenfinden lässt, lange Aufwärmphasen sind oft nicht notwendig. Das gemeinsame Interesse an Gott lässt schnell entsprechende Gespräche aufkommen.

Lothar Krauss, der Pastor unserer Gemeinde, bot ein Seminar an, bei dem wir uns mit unseren kurz-, mittel- und langfristigen Lebenszielen beschäftigen sollten. Dabei machte mir Gott ein sehr großes Geschenk. Beim Thema Beruf und Berufung zeigte er mir, dass er mit meinem Studium, das nun schon 15 Jahre zurücklag, noch etwas vorhat. Ich war tief gerührt von seiner Hoffnung machenden Zusage, die wie frisches Quellwasser in die jahrelange Wüste mit wechselnden Zeiten der Arbeitslosigkeit und befristeten Tätigkeiten strömte. Wie oft schon hatte ich versucht, mein Diplom ganz »abzuhaken«, um eine realistische Sicht zur derzeitigen Arbeitssituation zu bekommen. Nun schenkte Gott mir eine klare Hoffnung.

Tagebucheintragung vom Samstag, den 4. Januar 1997
Beim Seminar »Lebensplanung« mit Lothar hat Gott mir eine ganz alte Sehnsucht noch mal vor Augen gestellt und – ich kann es noch gar nicht fassen – das Gefühl gegeben, dass er sie befriedigen wird. Ich habe seit meiner Teenagerzeit die Sehnsucht nach einer besseren, heilen Welt ... Ich wollte einen sinnvollen Beruf ausüben, mit dem ich die Gesellschaft verbessern könne. Und ich wollte gelassen und liebesfähig werden, um meinen Teil dazu beizutragen ... Gott möchte diese Sehnsucht jetzt zur vollen Erfüllung bringen: Ich glaube, ich werde, wie auch immer, als christliche, visionär denkende Soziologin tätig werden. Ich habe immer visionär gedacht ... Ich habe am 01.01.98 Zeugnis über diese Dinge gegeben. Am 02.01. sprach Pastor Ralf Müller in seiner Predigt davon, wie wichtig es ist, die visionäre Gottesperspektive beizubehalten. Ach, ich bin so begeistert. Dieses Reich muss nicht erarbeitet werden durch Erkenntniszuwachs, es ist schon da. Jeder kann die Schönheit dieses Reiches kennen lernen, wenn er will.

Ich freute mich auf das neue Jahr. Die so lange Zeit offenen und unklaren Bereiche meines Lebens schienen sich mit sichtbaren Tatsachen zu füllen.

Harte Glaubensproben

Doch dann entwickelten sich die Dinge ganz anders: 1997 sind alle vielversprechenden Anfänge nach einiger Zeit wie Staub in sich zusammengefallen. Im Februar ging mein erster Versuch, eine feste Partnerschaft mit einem Christen aufzubauen, nach nur wenigen Monaten auseinander; acht Tage später erhielt ich, für mich nicht minder überraschend, die Kündigung bei der Putzstelle in einem Musikfachgeschäft. Ich hatte mir bewusst keinen Job gesucht, in dem man erst über Monate eingearbeitet werden muss, bei dem ich jedoch wieder erste Erfahrungen mit bezahlter Arbeit machen konnte. Jetzt dachte ich, nicht mal bei ganz einfachen Tätigkeiten komme ich in der Arbeitswelt noch klar. Beginnende Freundschaften zu Frauen entwickelten sich nicht weiter und in der Seelsorgearbeitsgruppe, die sich alle vier Wochen traf, fühlte ich mich oft sehr unwohl, da eine Mitchristin sich mir gegenüber sehr ausweichend verhielt, ich aber auf Klärungsversuche lange Zeit keine Antwort bekam. Im September, ich war gerade in den letzten Vorbereitungen für meinen 40. Geburtstag, erhielt ich nach einem Streitgespräch über Lärmstörungen die Kündigung von meiner Vermieterin, die mit im Haus wohnte. Nach diesem Vorfall verweigerte sie ein halbes Jahr jegliches Gespräch; Briefe, auch das Mietverhältnis betreffende, wurden ignoriert. Wenn ich nach Hause kam, schloss sie demonstrativ die Tür zu, wenn ich durch ihr Treppenhaus ging. Parallel zu den Ereignissen litt ich zusätzlich wieder unter der mangelnden Nähe und gefühlsmäßigen Anteilnahme meiner Mutter. Auch mit Angelika, meiner regelmäßigen Gesprächs- und Gebetspartnerin steckte ich in einer Krise. Wieder erfasste mich dieses starke Mangelgefühl, das ich vor meiner Entscheidung für Jesus hatte. Ähnlich wie in meiner Kindheit hatte ich ein tiefes Verlangen nach Nähe und Geborgenheit, während mich gleichzeitig eine tiefe Hoffnungslosigkeit erfasste, dass ich dieses wohl nie mehr erleben werde. Nun kannte ich doch Gott und mein Leben wurde immer noch nicht besser. Doch mitten in diesem mir sehr vertrauten Warum-seid-ihr-denn-alle-so-weit-weg-Schmerz hinein machte Gott mir ein großes Geschenk.

Gott war mir immer nah
Tagebucheintragung vom Montag,
den 10. November 1997

Gute Dinge zeichnen sich ab. Am Donnerstag habe ich in der
»Befreienden Wahrheit Nr. 6« einen interessanten Artikel wie-
der entdeckt:

»Im Namen Jesu hat sie sich von der Lüge (nirgends dazu-
zugehören und allein gelassen zu sein) gelöst und die Wahr-
heit in ihr Herz genommen. Aufgrund der Sicherheit, dass
Jesus bei ihr war und der tiefen Geborgenheit ist die Person
gerne bereit, ihre Lügen abzugeben.«

Auch mir begegnet Gott seit einigen Tagen mit seiner heilenden
Kraft und macht mir deutlich, dass er immer bei mir war.
Psalm 139, 16: »Deine Augen sahen mich, als ich noch nicht
bereitet war.« Wie wunderbar. Und Gott zeigt mir, dass er mich
nicht nur betrachtet hat. Nein, da wo Distanz und Kälte war,
war er mir nah. Sein Atem, seine Hand auf meiner Schulter,
seine wärmende, umhüllende Liebe: er hat mir Nähe gegeben,
Zärtlichkeit und Trost. Und ich spüre, wie uralte Verrenkun-
gen und Verbiegungen in mir gerade gerückt werden, Urver-
trauen entsteht, ja nachgeholt wird. Er war immer da. Phy-
sische Nähe und Liebe. Ich labe mich an diesem beginnenden
Herzenswissen. Mangel wird zunehmend ausgefüllt ... Was für
eine Befreiung, was für eine Entspannung. Ich muss nicht
mehr den Menschen treffen, der meinen Nähemangel ausfüllt,
auch wenn es für mich für den Aufbau engerer Beziehung
wichtig geworden ist, dass der andere auch Lust auf Nähe und
Begegnung hat. Doch Menschen sind immer begrenzt. Gott hat
mich immer angeschaut und war mir nah und er wird es
immer sein. Nach dieser Wahrheit habe ich mein Leben lang
gesucht. Und in den Armen Jesu löse ich mich von der ge-
danklichen Lüge, nicht gesehen und wahrgenommen worden
zu sein, keine Nähe und Liebe erlebt zu haben.

Tod der Katze

Ende November ist meine siebenjährige Katze »Tinka« vor dem Haus überfahren worden. Wegen der schwierigen Wohnsituation bin ich auch an diesem Abend sehr spät nach Hause gekommen. Sie war mittlerweile von der Nachbarin in eine Klinik gebracht worden, wo sie morgens starb. Jegliche Bereitschaft, auch dieses Ereignis mit Gott verarbeiten zu wollen, war wie weggeblasen. Das Maß an Glaubensproben war einfach voll. Ich hatte keine Kraftreserven mehr, war einfach nur total traurig und schwankte zwischen quälenden Schuldgefühlen und Zorn auf Gott. Er hatte mir das Wesen weggenommen, dem ich mich in den letzten Jahren am meisten geöffnet hatte. Ich war überzeugt, dass er es hätte verhindern können. Selbstmordgedanken stellten sich wieder ein und die Menschenfurcht, die mich im Grunde mein ganzes Leben begleitet hatte. Ich mied immer mehr die Nähe Gottes. Anfang Dezember fuhr ich zu einem Seminar in Osterholz-Scharmbeck bei Bremen mit dem Thema »Heilwerden in Gottes Gegenwart«, welches von Wüstenstrom e.V. angeboten wurde, ein christliches Seelsorgeprogramm, das Frauen und Männern helfen will, ihre verwundete Identität und Beziehungsfähigkeit zu entwickeln. Der Referent vermittelte auf eine sehr anschaulichen Weise – in der ich mich selber gut wieder fand – dass nicht wenige, die schon früh in der Kindheit Missbrauch oder andere tiefe Verletzungen haben, immer wieder von »todesähnlichen Gedankenspiralen« (Hoffnungslosigkeit, Selbstmordgedanken etc.) geplagt werden. Und es läge an uns, uns die Gegenwart Jesus, der in uns ist und das Leben und die Hoffnung selber ist, bewusst zu machen.

> *»Ich lebe und ihr sollt auch leben«*
> *(JOH 14,19)*

Zorn auf Gott und der Wunsch nach Kontaktabbruch

Mitte Dezember 1997 wurde auf der Seelsorgeschulung zum Laienseelsorger das Thema »Urvertrauen zu Gott« durchgenommen. Der Referent sprach davon, dass dieses Voraussetzung sei, um im Umgang mit Menschen sicherer und freier zu werden. Forschungen

161

hätten ergeben, dass sich dieses Urvertrauen beim Kind durch die Verfügbarkeit und das Einfühlungsvermögen der Bezugspersonen entwickele. Gott könne beides geben. Mit meinem ganzen Herzen sehnte ich mich nach diesem Urvertrauen, das ich nicht kennen gelernt hatte. Ich sprach mit Erika D., einer Leiterin aus dem Organisationsteam, über meinen Zorn Gott gegenüber und dass ich eine totale, innere Sperre hätte, um die vorgeschlagene Vertrauensübung zu machen. Sie machte mir Mut, mit diesem Zorn zu Gott zu gehen: »Dann wirst du feststellen, dass sich seine Liebe keinen Millimeter verändert hat.«

Ringen mit Gott

Wieder zu Hause angekommen, zeigte Gott mir, dass der beginnende Kontaktabbruch zu ihm ein alter Schutzmechanismus von mir ist. Er zeigte mir, dass ich, als ich mit 11 Jahren begriff, dass mein Vater ein Alkoholiker ist und somit als Vater nicht richtig für mich da sein kann, meine ganze Trauer und Enttäuschung auf Eis gelegt habe. Übrig blieben wechselnde Gefühle von Hass, Kälte, Liebe, diffuse Sehnsucht und eine co-abhängige Tochter, die 10 Jahre versuchte, ihn vom Trinken abzubringen. Gott sagte mir: ich bin anders, du kannst all deine Enttäuschung mir gegenüber ausdrücken, bleib mit mir im Kontakt, klage mich an (Jes 43,26). Und ich nahm allen Mut zusammen und unter Tränen schrie ich: »Warum hast du mir meine Tinka weggenommen? Du hast mir wehgetan.« Immer wieder wiederholte ich diese Sätze. Und ich spürte, wie der »kalte Graben«, den ich gezogen hatte, etwas schmaler wurde. Was für eine Befreiung, hinter der einsamen Schutzmauer wieder hervorkommen zu können. Gott ist so stark, dass er alle meine Gefühle aushält und souverän damit umgeht. Und Gott schenkte mir in dieser Zeit sehr schöne Erfahrungen mit einigen Geschwistern aus meiner Gemeinde, die meinen Schmerz mit mir teilten und mir zeigten, dass sie mich sehr mögen.

Entscheidung für ein erneutes »Ja«

Einige Wochen streckte ich mich im Gebet immer wieder nach der »Kuschelnähe« zu Gott aus, die ich vor der Krise schon bereits so oft genossen hatte. Anfang Januar 1998 wurde mir bewusst, dass ich mir und auch Gott etwas vormachte. Ich wollte diese intensive Art von Nähe ja (noch) gar nicht wirklich wieder mit Gott erfahren. Auch wenn der Graben wieder schmaler geworden war, so fühlte ich mich ja immer noch verletzt von ihm und wollte auf angemessener Distanz bleiben. Gleichzeitig wurde mir jetzt bewusst, dass ich nicht mehr das Bedürfnis hatte, mich ganz zu trennen. Diese Haltung war weniger mit Gefühlen verbunden. Mir wurde bewusst, dass Gottes Treue- und Beziehungsangebot stets gilt, unabhängig davon, was ich dachte oder tat. Ich fühlte mich als erwachsener Mensch angesprochen, der, unabhängig von seinen momentanen Gefühlen, lernt, zu seinen Worten zu stehen. Ich hatte einmal »Ja« zu Gott gesagt und dabei wollte ich nun bleiben.

Tagebucheintragung vom Freitag, den 2. Januar 1998
Eines weiß ich genau, eine Scheidung von Gott kommt nicht infrage. Ich habe mich für ihn entschieden und will bei ihm bleiben, aber im Moment mit ein wenig Abstand, weil er mir wehgetan hat ... Und Gott ist so groß und unbedürftig, dass er meine »Entfernung« aushält. Ich muss ihn nicht versorgen. Ich kann und darf »Nein« sagen. Und ich will nicht nur bei Gott bleiben, sondern irgendwann ganz zu ihm »zurückkehren«, doch im Moment nicht.

Erfahrung von Gottes gleich bleibender Liebe
Aus meinem unklaren und schwammigen Nein, war eine selbstbewusste und klare Haltung geworden. Ich hatte Angst, doch ich wollte darauf vertrauen, dass Gott mit dieser Grenze gut leben kann, und sich freut, wenn ich wieder zurückkehre. Mit einer Trennung von Gott hätte ich mein Bedürfnis nach seiner Nähe ignoriert und mit einer schnell zugekitteten Nähe hätte ich mein momentanes Distanzbedürfnis ignoriert. Gott schenkte mir die Erfahrung, dass ich ohne Angst vor Liebesverlust damit experimentieren konnte, vor ihm eine eigene authentische Persönlichkeit zu sein, die das Maß an Nähe bzw. Distanz im Einklang mit sich selbst setzen durfte.

Loslassen

Doch so sehr ich auch spürte, wie Gott mir in meiner Krise half und Erkenntnisse und Befreiung schenkte, so begann ich die Grundfreude, die mir vorher auch in schwierigen Momenten so vertraut war, sehr zu vermissen. Gebete, Gottesdienst, Singen – nichts berührte mich. Ich dachte schon, so, nun ist die berühmte erste Liebe weg und der Rest ist laues Christsein. Wachstum ja, aber ohne Freude.

Ende Januar machte mir die sich verweigernde Haltung meiner Vermieterin wieder sehr zu schaffen. Die Vorstellung, noch acht Wochen bis zum Auszug in dieser feindlichen Atmosphäre zu leben, lähmte mich völlig. Wie oft hatte ich zu Gott gebetet, gefleht, er möge die Situation auflösen. Wie oft hatte ich darüber nachgedacht, ihr mitzuteilen, wie sehr mich ihr Verhalten verletzte und enttäuschte, doch ich fand, bis auf einmal am Anfang der Schweigezeit, nicht wieder den Mut, darüber ein Gespräch anzufangen.

Dann las ich im Buch »Gott hat keine Enkel« von Catherine Marshall vom Gebet des Verzichts.[58] *Dort stand: »Fass die Möglichkeit dessen ins Auge, was du am meisten fürchtest.« Und ich lernte eine wichtige Unterscheidung zwischen dem gesunden Anliegen, Herzenswünsche zu haben, und der Tatsache, dass ich Gott überlasse, ob und wie er meine Herzenswünsche erfüllt. Ich las, dass Jesus in Getsemane den nur zu verständlichen Wunsch äußerte, nicht ans Kreuz zu müssen. Mit unserer menschlichen Sicht denken wir, es könne doch nur im Sinne eines liebenden Vaters sein, den Sohn zu bewahren. Doch der Wille Gottes war ein anderer und Jesus hat den Willen des Vaters akzeptiert und ist am Kreuz gestorben. Ich hatte immer geglaubt, dass mein Wunsch nach Versöhnung mit der Vermieterin auch in Gottes Interesse ist. Nun begriff ich, dass es zumindest auch die Möglichkeit gibt, dass sich Gottes Wille in einer Angelegenheit von dem unterscheiden kann, was vordergründig so logisch scheint. Außerdem zeigte Gott mir, dass ich von dem versöhnlichen Ereignis abhängig war. Ja es war, bezogen auf diese Situation, meine größte Furcht, dass es nicht eintreten könnte. Ich wollte nicht schon wieder umziehen und ich hatte Angst, vor mir selbst und nach außen hin*

---

[58] Catherine Marshall; Gott hat keine Enkel; Neukirchen-Vluyn 1995; S. 82ff

wieder als diejenige dazustehen, die ihre Beziehungskrisen nicht in den Griff bekommt. Ich wollte doch zeigen, dass meine Beziehungskrisen jetzt als Christ einen guten Ausgang nehmen.

Ich legte Gott das Ob und Wie der Versöhnung hin und spürte eine große Erleichterung. Was war denn schlimm daran zu versagen? Wem musste ich denn etwas beweisen? Ich hatte das getan, was mir im Rahmen meiner Konfliktfähigkeit, aber auch meiner Ängste, möglich war. Ich musste nicht stärker sein, als ich bin.

Und als ob ich mit diesem Gebet den Faden eines Knäuels ergriffen hätte, so legte ich danach viele Herzenswünsche in Gottes Hand. Nun zeigte Gott mir, dass der 1997 wiedergekommene Lebensschmerz, der mich ursprünglich mal zu Jesus geführt hatte, überwiegend das Ergebnis einer Unbedingt- und Um-jeden-Preis-Haltung war. Ich wollte nach der Bekehrung Gottes Willen tun und ich war oft überanstrengt und ängstlich dabei. Gleichzeitig wollte ich meine Lebensideale und -ziele nicht loslassen.

Gott erinnerte mich daran, wie oft ich früher gesungen hatte »Dein Wille geschehe, ich will dir folgen«. Und wieder legte Gott mir eine Entscheidung vor: ich konnte das trotzige Kind bleiben, dass er zwar liebt, aber das letztlich immer in innerer Spannung von »mein Wille-dein Wille« leben wird. Oder ich werde der erwachsene Mensch, der aus eigener Entscheidung zu seinem anfangs gegebenen Wort »dein Wille geschehe« steht. Es berührte mich sehr, dass Gott seinen vielen Zusagen und Versprechungen gegenüber immer treu ist – und ich wollte mein Versprechen auch halten.

Ich ließ sehr vieles los: ob ich heirate oder nicht, ob ich mit meinem Beruf als Diplom-Sozialwirtin noch mal eine bezahlte Arbeit bekomme etc. Es machte richtig Spaß, all dieses »um jeden Preis« loszulassen. Es war wie sterben und geboren werden gleichzeitig. Sehr viel von der Scham, die wie eine immer dicker werdende Decke um meine Biografie lag, wurde weggeschwemmt. Ich musste nicht mehr unbedingt an meine Ziele kommen. Ich wollte mein Selbstwertgefühl nicht mehr davon abhängig machen und mich ständig als Versagerin fühlen, weil sich meine Träume nicht erfüllten. Ich will auch kein bestimmtes Image von einer netten, christlichen Inge aufbauen. Ich möchte einfach ich selbst sein. Meine hoch gesteckten Ziele von einer

idealen Biographie und einem idealen, perfekten Auftreten meiner-
seits in jeder Lebenslage hatte Gott als Götzen entlarvt, die ich an-
gebetet hatte. Die an sich guten Werte und gesunden Wünsche hatten
ohne Gott eine zu hohe, für mich ungesunde Stellung in meinem
Leben eingenommen und waren zu Götzen geworden.[59]

Nun verstand ich auch, warum Gott gleich im ersten Gebot von
anderen Göttern oder Götzen spricht. Er kennt die Gefahr, sich immer
wieder »Um-jeden-Preis-Ziele« zuzulegen. Ich habe meine Herzens-
wünsche immer noch und immer wieder stehe ich in Gefahr, sie
gleichwertig neben Gott zu stellen oder mich wegen meiner uner-
reichten Lebensziele zu verurteilen und zu schämen. Aber Gott
schenkt mir zunehmend die innere Freiheit, auch mit der Vorstellung,
dass sie sich nicht erfüllen, leben zu können. Ich weiß, er wird mich
im beruflichen und privaten Bereich noch reich beschenken, aber
vielleicht nicht so, wie ich es mir inhaltlich und zeitlich vorgestellt
habe. Ebenso neige ich nicht selten noch dazu, mich zu kritisieren
und abzulehnen, wenn mein Auftreten und Verhalten nicht mit den
hohen Ansprüchen übereinstimmt, die ich an mich habe. Jetzt,
erkenne ich manchmal umso deutlicher, wie streng ich oft mit mir
umgegangen bin und manchmal noch umgehe. Doch mit Gottes Hilfe
lerne ich, diese Fehleinstellungen zunehmend klar zu identifizieren
und, in dem Bewusstsein von Gottes unbegrenzter Macht und Liebe,
darauf zu vertrauen, dass er mich davon befreien will und wird.

Und in diesem Sterben und Geborenwerden gab es einen
Moment, wo ich spürte, dass ich mich Gott ganz hingeben wollte. Ich
wollte ihm vertrauen, dass er gut ist und es wirklich gut mit mir
meint.

Tagebucheintragung vom Donnerstag, den 29. Januar 1998

Jetzt lasse ich mich los, Herr. Und wenn sich deine Existenz
jetzt als Illusion herausstellt, dann wird es mich zerstören.
Zurück kann und will ich nicht mehr. Ich möchte springen.

---

[59] vgl dazu auch: Hanne Baar; Warum Ablehnung so wehtut; in: Befreiende Wahrheit; a.a.O; Nr. 9/96

Gott war doch keine Illusion und er hat mich aufgefangen. Nach dieser Entscheidung kam die Grundfreude, die ich so sehr vermisst hatte, wieder.

Im März 1998 hat Gott mir eine schöne, am Stadtrand liegende Wohnung geschenkt sowie nette Vermieter und Nachbarn. Die grüne Umgebung und die ruhige Wohnstraße erinnern mich oft an meine Kindheit und die viele Stunden ausgelassenen Spielens. Und ich lernte in unmittelbarer Nachbarschaft Inka, eine Christin, kennen, mit der ich einige wunderbare Abende im Gespräch und Gebet verbringen konnte, bevor sie sich eine andere Wohnung suchen musste. Im Juli 1998 habe ich nach 3 1/2 Jahren meinen ersten Hauskreis verlassen und bin seitdem in einem Hauskreis mit evangelistischem Schwerpunkt.

c) Gott befreit von krank machenden Lebenslügen

Wenn eine Uhr defekt ist, bringen wir sie zum Uhrmacher, der sich mit dem Innenleben von Uhren auskennt. Gott kennt sich als unser Schöpfer am besten mit dem defekten Inneren eines Menschen aus. Nur er ist in der Lage, das Herz »heilzulieben« und tief greifende Korrekturen vorzunehmen. Nur so kann das weich gewordene Herz wieder lieben und Liebe annehmen. Gott ist in diesem Prozess der Handelnde.

Ich will euch ein anderes Herz und einen neuen Geist geben. Ich nehme das versteinerte Herz aus eurer Brust und gebe euch ein lebendiges Herz (Hes 36,26).

Unsere Zwänge und Süchte sind die »Früchte« unserer Wunden und Fehleinstellungen, die ihre Wurzeln u. a. in der Kindheit haben. Ein kleines Kind ist nicht in der Lage, kausal zu denken (Mama ist heute nicht so aufmerksam, weil sie erschöpft ist), sondern bezieht alles unmittelbar und egozentrisch auf sich. Es gibt im Denken des Kindes keine Zwischentöne, sondern nur schwarz-weiß, Leben-Tod.

»Egozentrisches Denken bedeutet, dass ein Kind alles auf sich bezieht ... Demjenigen, den wir lieben, schenken wir Zeit. Der

Schock, der dadurch entsteht, dass unsere Eltern uns nichts von ihrer Zeit schenken, erzeugt in uns ein Gefühl der Wertlosigkeit. Das Kind bedeutet den Eltern so wenig, dass sie ihm weder ihre Zeit noch ihre Aufmerksamkeit schenken oder sich seiner Erziehung widmen. Das egozentrische kleine Kind interpretiert Ereignisse egozentrisch. Wenn Papi und Mami nicht da sind, dann ist es meine Schuld. Mit mir stimmt irgendetwas nicht, sonst wären sie gerne bei mir.«[60]

Der Schmerz der Ablehnung

Die so wirklich stattgefundenen, aber von dem Kind nochmals auf eine besondere Weise interpretierten Ereignisse verursachen, abhängig von der Häufigkeit der Zurückweisung und dem Naturell des Kindes, im Herzen des jungen Menschen eine Verunsicherung über die Liebe der Eltern bis hin zu einem tiefen, unerträglichen Ablehnungs- und Verlassenheitsschmerz[61] sowie Todesängsten. Unterschiedliche Einstellungen (Wurzeln) gedeihen auf diesem giftigen Herzensboden : »Ich bin minderwertig, ich bin etwas ganz Besonderes, ich werde es euch beweisen, ich bin ein hoffnungsloser Fall etc.« Diese Grundeinstellungen werden als Schutz vor dem erlittenen Schmerz entwickelt; sie sind jedoch ebenso eine Folge des angeborenen Eigensinns und Egoismus, unter dessen »Herrschaft« das Kind von Anfang an steht. Damit einher gehen toxische Gefühle von Minderwertigkeit, Schuld, Scham und Hoffnungslosigkeit in unterschiedlicher Ausprägung (Wurzeln). Diese verkrüppelten und deformierten Wurzeln lassen kein gesundes Wachstum zu. Unsere sichtbaren »Früchte« sind neben echten und gesunden Momenten von Nächstenliebe – der Wille, Gutes zu tun ist ja ebenso in unserem Herzen verankert -nicht selten Süchte und Zwänge in unterschiedlichsten Ausprägungen. Unser giftiger Herzensboden hält uns in einem Leben des Stresses und Gebundenseins gefangen.

---

[60] John Bradshow; a.a.O.; S. 91
[61] dgl.: S. 88

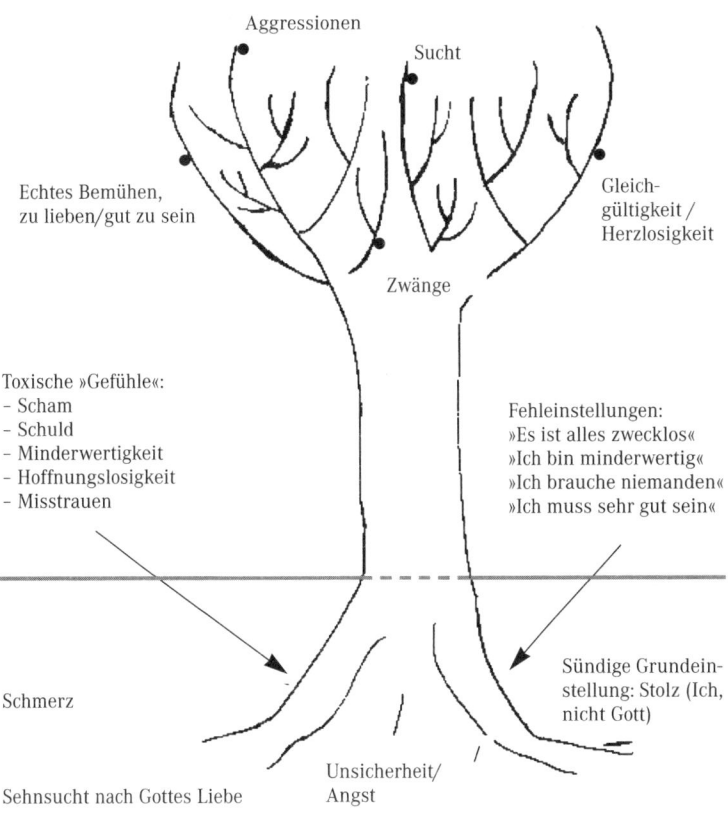

Aggressionen

Sucht

Echtes Bemühen,
zu lieben/gut zu sein

Gleich-
gültigkeit /
Herzlosigkeit

Zwänge

Toxische »Gefühle«:
- Scham
- Schuld
- Minderwertigkeit
- Hoffnungslosigkeit
- Misstrauen

Fehleinstellungen:
»Es ist alles zwecklos«
»Ich bin minderwertig«
»Ich brauche niemanden«
»Ich muss sehr gut sein«

Schmerz

Sündige Grundein-
stellung: Stolz (Ich,
nicht Gott)

Sehnsucht nach Gottes Liebe

Unsicherheit/
Angst

Abb. 3: Baum der Unruhe

169

Ein neues Herz

Wie ich aufgezeigt habe, ist die Hinwendung zu Jesus Christus der notwendige Schritt, um uns von der sündigen Grundhaltung des Stolzes und der Unabhängigkeit, die uns von der Gemeinschaft mit Gott trennt, zu befreien. Nun kann im Herzen ein neuer Bodensatz entstehen, der gesunde Wurzeln und Früchte hervorbringen kann. In der Geborgenheit und therapeutischen Zufluchtstätte Gottes werden dem Boden der Angst und des Stolzes neue Vertrauenserfahrungen mit Gott entgegengesetzt.

Gottes Liebe ist in unsere Herzen gegossen (Röm 5, 5)

Gott hat die Grundsünde am Kreuz erledigt

Gott vermittelt neue Hoffnung/gibt Orientierung

Gott ist verfügbar und einfühlsam

Herzensboden: Tiefe Verunsicherung, unerträglicher Ablehnungsschmerz, Todesangst, seelische Verlassenheit, Grundsünde des Stolzes (»Ich«)/Sehnsucht nach Gott

Abb. 4: Veränderung des Herzensbodens durch Gottes bedingungsloser Annahme und Zuwendung

Beziehungssüchtige Menschen ähneln den im Alten Testament von Gott durch seinen Propheten Jeremia beschriebenen Volk Israel:

Denn mein Volk hat eine doppelte Sünde begangen. Erst haben sie mich verlassen, die Quelle mit frischem Wasser, und dann haben sie sich rissige Zisternen ausgehauen, die das Wasser nicht halten (Jer 2, 13).

Wenn wir unsere nie gestillten Bedürfnisse nach Geliebtwerden und Geborgenheit bei den »Zisternen« befriedigen wollen, bleiben wir nach einer gewissen Zeit mit dem gleichen Durst zurück. Gott bietet uns in zahlreichen Worten dieses ewig fließende Wasser an, das unsere bisher nur in wenigen Momenten gestillten Bedürfnisse dauerhaft stillen kann. Am Brunnen von Samarien begegnet Jesus einer Samariterin, die bereits mehrere Männer gekannt hat, stets auf der Suche nach Liebe.

»Jeder, der dieses Wasser trinkt«, erwiderte Jesus darauf, »wird bald wieder durstig sein. Wer aber von dem Wasser trinkt, das ich ihm gebe, der wird nie wieder Durst bekommen. Dieses Wasser wird in ihm zu einer Quelle, die bis ins ewige Leben hineinfließt« (Joh 4, 13+14).

Wer durstig ist, der soll kommen. Jedem, der es haben möchte, wird Gott das Wasser des Lebens schenken (Offb 22, 17).

In einem langsamen Prozess wächst unser Mut, Gott unsere schmerzvollen Wunden und tiefsten Bedürfnisse, die wir so oft durch Zwänge und Süchte kontrolliert haben, vertrauensvoll hinzuhalten. Dabei werden auch unsere tief sitzenden Schuld- und Schamgefühle, sowie unsere falschen Einstellungen und Denkmuster (Wurzeln) deutlich, denen Gott seine Wahrheit entgegenhalten möchte. Er stellt uns immer wieder in die Freiheit, das alte, »schützende« Denkmuster beizubehalten oder loszulassen.

Einsturz eines alten Gedankengebäudes
Im Sommer 1998 hat Gott mir meine jahrelange Fehleinstellung »Ich bin minderwertig« mit den dazugehörigen, unterschwelligen Gefühlen wieder sehr bewusst gemacht.

Tagebucheintragung vom Mittwoch, den 22. Juli 1998
Lese gerade »Bitte hab mich lieb« von Keith Miller. Wie sehr ich mich darin wiedererkenne. Tief sitzende Scham- und Unzulänglichkeitsgefühle aufgrund von Zu-Wenig-ange-nommen-und-bestätigt-Sein. Und dann berührt mich sehr die Stelle, wo sie schreibt: »Er hatte mein Geheimnis gesehen: ich war nicht liebenswert und deswegen hatte er mich verlas-

sen.[63]*« Mein Geheimnis war lange Zeit und ist manchmal noch heute: keiner darf meine Ängste und mein mangelndes Selbstbewusstsein sehen, dann werde ich verlassen! Wenn der andere sieht, wie unsicher ich im Grunde genommen bin, werde ich verlassen, bin ich unattraktiv für eine nähere Beziehung. Das danach eintretende Gefühlschaos von Trauer, Hass, Grübeln und Selbsthass musste und wollte ich immer vermeiden. (Heute schenkt Gott mir Erfahrungen, in denen ich feststellen darf, dass die zunehmende Selbstannahme mir hilft, mit Zurückweisungen weniger zerstörerisch bzw. vor allem selbstzerstörerisch umgehen zu »müssen«. Ich darf in ersten Ansätzen die Freiheit schmecken, die darin besteht, dass ich Zurückweisung nicht mehr um jeden Preis vermeiden muss, da der nur zu vertraute Absturz immer seltener und auch kürzer einsetzt.)*

Tagebucheintragung vom Montag, den 30. Juli 1998
Am Freitag in der Zweierschaft hat Angelika noch so toll für mich gebetet, wegen der Ängste und Minderwertigkeitsgefühle. Bereits seit Samstag scheint sich der Kreislauf zu lichten. Gott beschenkt mich reich. Ich erfasse zutiefst, dass Gott keine Minderware produziert. Er ist der geniale Schöpfer → also bin ich wertvoll. Das ist so, als wenn ein 40 Jahre alter Schalter umgelegt wird. Die uralten Empfindungen, dass ich nicht das Recht habe, zu existieren (hat Gott ja im März '96 begonnen zu heilen) sowie mich zu artikulieren und Raum zu nehmen, weichen in zarten Ansätzen einem völlig neuen Grundgedanken, der in mein Herz zu sickern beginnt: ich bin wunderbar gemacht, weil alle Werke Gottes wunderbar gemacht sind. Aufgrund seines Wesens kann er nur Gutes schaffen. Ich bin ein wertvolles, kostbares Werk (Ps 139, 14).

Tagelang war ich von einem tiefen Gefühl der Geborgenheit und des Wertvollseins erfasst, das ich so noch nie kennen gelernt

---

[63] Keith Miller; Bitte hab' mich lieb; Eine Frau findet Geborgenheit; Aßlar 1978

hatte. Überwiegend schweigend saß ich unter Menschen und genoss diese Logik des Herzens, zu der mir Gott verholfen hatte: der geniale und liebevolle Schöpfer kann nur Gutes schaffen. Gott hat mein altes, festgefahrenes Denken durch seine Sicht und sein Wort zusammenstürzen lassen. Unsere alten, sehr tief sitzenden Denkmuster sind nicht, wie wir oft meinen, mit menschlichen Methoden grundlegend zu ändern.

Die Waffen, mit denen ich kämpfe, sind die Waffen Gottes. Sie sind mächtig genug, jede Festung zu zerstören, jedes menschliche Gedankengebäude niederzureißen, einfach alles zu vernichten, was sich stolz gegen Gott und seine Wahrheit erhebt (2. Kor 10, 4+5).

Ich, der Herr, sage euch, mein Wort ist wie ein Feuer und wie ein Hammer, der Felsen in Stücke zerschlägt (Jer 23, 29).

Diese Verse machen sehr deutlich, dass zur tief greifenden Heilung verkrusteter Gedankengebäude von Selbstablehnung, Minderwertigkeit, Unglaube, Stolz etc. göttliche »Waffen« notwendig sind. Mit der neuen Erkenntnis kommt die befreiende Reue darüber, dass wir solange einer Lüge geglaubt haben und uns als göttliches Schöpfungswerk lange Zeit zu klein oder auch zu groß gemacht haben. Gottes feuriges Wort und Liebe zerstören unsere verzerrten und krank machenden Lügengebäude, wenn wir bereit sind, uns von Gott verändern zu lassen.

In dem wachsenden Bewusstsein von Gottes Schutz und Präsens, unabhängig davon, ob wir allein sind oder unter Menschen, wächst der Mut, in Beziehungen zu Menschen neues Verhalten auszuprobieren. Gottes Arbeit an dem Boden und den Wurzeln bewirkt neue, manchmal sehr überraschende Erfahrungen im Alltag. Dies ist ein langsam aufwärts steigender Prozess (5. Mose 28, 13), der auch mit Rückschlägen einhergeht. Diese werden jedoch nach meiner Erfahrung weniger schambesetzt erlebt; Fehler, Versagen, Unzulänglichkeiten können mit Gottes Hilfe schneller erkannt und auch zugegeben werden. Gott hat auch dieses Versagen bereits mit ans Kreuz genommen. Nicht erneute eigene Anstrengung ist dann angesagt, sondern das Stillwerden vor Gott mit dem Wissen, dass ich vor Gott ganz Mensch und ganz unvollkommen sein darf. Der Stolz in uns spornt zu eigenem Bemühen an, die Demut erkennt die Unmöglichkeit an, aus der Verstrickung selber rauszukommen und sieht sie als Chance, Gottes Macht neu zu erfahren. So folgen dem grundlegenden Schritt der Kapitulation und Lebensübergabe an Gott immer wieder ergänzende Schritte, in denen ich loslasse und im positiven Sinne kapituliere, damit »der Töpfer aus uns, dem Ton«, etwas Wunderbares formen kann (Jes 45, 9).

Gott kann sich mit unserem Schmerz, der sich tief in unser Herz gegraben hat, sehr gut identifizieren. Er selber hat unendliches Leid und Ablehnung erfahren. Er liebte die Menschen, die ihn, den Schuldlosen, unter tiefen Schmerzen ans Kreuz genagelt haben und er hat bereits am Kreuz ein Wort für diese Menschen bei seinem Vater eingelegt und ihn um Vergebung dafür gebeten, was sie an ihm getan haben. Er kann sich zutiefst in unsere Erfahrungen und unseren Verlassenheitsschmerz einfühlen.

Echtsein

Es ist sehr wichtig, dass der beziehungssüchtige Mensch in seiner neuen Beziehung mit Gott lernt, ganz er selber zu sein. Wir kommen in eine neue Beziehungssuchtschleife, nun auf Gott bezogen, wenn wir versuchen, aus eigener Kraft ein guter Christ zu sein. Im Gegenteil: ich möchte Mut machen, vor Gott nichts zu beschönigen. Verlassenheitsängste, Bitterkeit, Zorn, Autoritätshörigkeit, überzogene und fordernde Anspruchshaltung dürfen vor Gott benannt werden. Schon zu lange haben wir uns kontrolliert, um den Ast, auf dem wir saßen - den anderen Menschen -, nicht abzusägen. Peinlich waren uns die Momente des Kontrollverlustes, wenn unsere Süchte und Zwänge uns keinen Handlungsfreiraum mehr ließen. Wenn wir bereit sind, uns verändern zu lassen, ist Gott derjenige, der uns über das ungesunde Beziehungsverhalten ihm gegenüber »abholt« und ein ganz neues Selbstbewusstsein bei gleichzeitiger Demut entstehen lässt. Er verwandelt die Ängste und Autoritätshörigkeit in gesunden Respekt vor ihm (Gottesfurcht) und die überzogene Anspruchshaltung in ein selbstbewusstes und glaubensfestes »Inanspruchnehmen« seiner Zusagen und Verheißungen. Tendenzen zum Beziehungsabbruch werden zur positiven Abgrenzung, in der ich für eine Weile auf Abstand zu Gott gehe und nicht versuche, ihm eine falsche Frömmigkeit vorzuspielen. Und symbiotische Verschmelzungswünsche, die Gott als eigenständige Person nicht mehr wahrnimmt, werden unter seinen Händen zu Hingabe und Anbetung, in der sich unser Herz für Gott ganz öffnet. Hier erschließt sich unser Lebenssinn: eine wahrhaftige und echte Liebesbeziehung Gottes mit uns, die durch Ehrlichkeit lebendig bleibt und dadurch die Liebe Jesu durch uns für andere sichtbar wird.

Denn der Geist Gottes führt euch nicht in eine neue Sklaverei; nein, er macht euch zu Gottes Kindern. Deshalb dürft ihr furchtlos und ohne Angst zu Gott kommen und ihn euern Vater nennen (Röm 8, 15).

Der Psalm 13 drückt den Zusammenhang von echten Gefühlen und Vertrauen zu Gott sehr schön aus. David zeigt sich Gott ganz offen, ja klagt ihn sogar an, aber er stellt seine ehrlichen Gefühle und Gedanken letztlich auf das Fundament des Glaubens. Er artikuliert sie, lässt sich aber nicht von seinen momentanen Gefühlen und Gedanken beherrschen. David hat seine Basis und seinen Anker im Vertrauen zu Gott:

Herr, wie lange wirst du mich noch vergessen,
wie lange hältst du dich vor mir verborgen?
Wie lange noch sollen Sorgen mich quälen,
wie lange soll der Kummer Tag für Tag an mir nagen?
Wie lange noch wird mein Feind über mir stehen?
Herr, mein Gott, wende dich mir wieder zu und antworte mir!
Lass mich wieder froh werden und Mut gewinnen,
sonst holt mich noch der Tod.
Mein Feind würde triumphieren und sagen:
»Den habe ich zur Strecke gebracht!«
Mein Unterdrücker würde jubeln über meinen Tod.

Ich aber vertraue auf deine Liebe
und juble darüber, dass du mich retten wirst.
Mit meinem Lied will ich dich loben,
denn du hast mir Gutes getan.

(Ps 13)

d) Liebe zu Gott und den Menschen

Ein Schriftgelehrter fragte ihn: »Herr, welches ist das wichtigste Gebot im Gesetz Gottes?« Jesus antwortete ihm: »Liebe Gott, den Herrn, von ganzem Herzen, mit ganzer Hingabe und mit deinem ganzen Verstand! Das ist das erste und wichtigste Gebot. Ebenso wichtig ist aber das zweite: Liebe deinen Mitmenschen, so wie du dich selber liebst« (Mt 22, 36-39).
Alle drei genannten »Lieben«, die zu Gott, die zu uns selbst und die zu den Mitmenschen, sind Früchte der Liebe Gottes zu uns.
Wir wollen lieben, weil Gott uns zuerst geliebt hat (1. Joh 4, 19).
Ohne die zahlreichen Erfahrungen von Gottes Treue, Zuwendung und liebevoller Führung wäre dieses radikale Gebot der heiligen Schrift nicht einlösbar.
Als ich mit Gottes Hilfe am Anfang des Jahres '98 aus dem Wechselspiel von ängstlicher Überanpassung bei gleichzeitiger Instrumentalisierung seiner Person, die sich in einer unterschwellig ständig vorhandenen Kritik und Anspruchshaltung ihm gegenüber äußerte, aussteigen konnte, begann ich, Gott als eigenständiges Gegenüber zu respektieren und zu lieben. Ich vertraue ihm, dass er alles im Griff hat und genau weiß, warum er bestimmte Dinge zulässt und andere nicht. Ich liebe es, sein Wesen zu »studieren« und zu betrachten. Er ist so liebevoll, kraftvoll, klug und schön. Er will das Beste für mich. Er hat einen unendlichen Vorrat an Weisheit und Liebe, den er gerne austeilt. Ich liebe Gott, so wie er ist, wenn ich auch erst einen Zipfel seines Wesens kenne und sehr vieles, was er auf Erden geschehen lässt, nicht verstehe. Er wird seine Gründe haben. Ich fühle mich zunehmend frei in seiner Gegenwart. Wenn ich spüre, dass ich mich

von dieser von Gott geschenkten Grundhaltung der Liebe und Akzeptanz entferne und wieder alte Beziehungsmuster durchklingen, so gebe ich diesen zunächst Raum. Warum soll ich mich verstellen, wo er mein Herz sowieso kennt? Ich genieße das Bewusstsein, mich Gott ganz hingeben zu können. Ich muss nichts mehr zurückhalten und tauche hinein in die Fluten seiner Liebe. Er wird mich niemals verletzen. Manchmal, wenn mich Furcht überkommt und alte Wunden schmerzen, halte ich Gott bewusst mein Herz hin, und erlaube ihm, überall, bis in die dunkelsten Ecken, darin spazieren zu gehen und seine heilende Salbe auf meine Wunde zu streichen. Nicht nur die bedingungslose Liebe und Hingabe seinerseits machen das Krumme in mir gerade, gerade auch die Tatsache, dass ich endlich ein Gegenüber habe, das ich lieben kann, ohne Angst haben zu müssen, dass ich mich irgendwann wieder »entlieben« muss, weil die Beziehung auseinander geht, tut so ungemein gut. Mein Herz will manchmal fast zerspringen aus Vorfreude darüber, ihn eines Tages in all seiner Schönheit und seinem Glanz sehen zu dürfen.

Insbesondere berührt mich immer wieder die Tatsache, dass ich jederzeit, an jedem Ort dieser Erde und in jeder Verfassung mit Gott, der wichtigsten und zugleich liebevollsten Person des ganzen Universums, Gemeinschaft haben kann. An der Bushaltestelle, in der Schlange am Supermarkt – ich kann unmittelbar die Gegenwart dessen genießen, der alles um mich herum erschaffen hat, der es gut mit mir meint und der für mein momentanes Problem bereits eine fertige Lösung hat (wenn sie sich auch oftmals erst später entfaltet). Da bleibt manchmal nur noch das schweigende Staunen.

Manchmal, in sehr innigen Momenten mit Gott, nehme ich mir die Bibel und lasse einfach den fünften Vers aus dem Johannesevangelium, Kapitel 15, auf mich wirken:

> *Ich bin der Weinstock und ihr seid die Reben. Wer in mir bleibt und ich in ihm, der bringt viel Frucht; denn ohne mich könnt ihr nichts tun (Joh 15, 5).*

Was für eine innige Gemeinschaft, ja Intimität, bietet Gott an. Ich versuche still zu werden und nachzuspüren, wie Gott mich von außen und innen umhüllt und ausfüllt. Ich bin ganz angewiesen auf meinen Weinstock, um nicht zu vertrocknen. Nur aus ihm fließt die Nahrung, die mich, die Rebe, am Leben erhält und Früchte hervorbringen lässt.

Wachsende Beziehungen

Die Bindung zu Gott, seine Liebe und unsere liebende Antwort darauf ist der Grundstock für die liebende Annahme unserer selbst und die anderer Menschen.

Ich bin jetzt fast 5 Jahre in der Gemeinde und genieße die zunehmende Vertrautheit mit den Mitgeschwistern. Auch wenn man mit dem einen oder anderen nur selten Kontakt hat, so sind doch für mich mit allen Bande der Zusammengehörigkeit entstanden. Manche Bande festigen sich und langsam entstehen Freundschaften. Nach einer erneuten Krise mit meiner wöchentlichen Gebetspartnerin Angelika haben wir die intensive Gebetsgemeinschaft nach 2 Jahren im April 1999 zunächst aufgelöst. Es war für mich eine gute Erfahrung, meinem Automatismus, mich in Frauenfreundschaften nach gegenseitigen Verletzungen völlig zurückzuziehen, mit Gottes Hilfe entgegensteuern zu können. So suchte ich recht schnell das Gespräch, dem noch zwei weitere folgten. Wir nahmen uns Zeit, über unsere Gefühle zu sprechen und fällten gemeinsam die Entscheidung, die Gebetszweierschaft zu beenden. So können wir uns in der Gemeinde und beim Sport offen und angstfrei begegnen, auch wenn die Kontakte insgesamt weniger häufig und weniger persönlich geworden sind. Mal schauen, wie sich hier die Situation weiterentwickelt? Lange Zeit war Egon ja der Einzige, dem ich mich auch in sehr notvollen Momenten zeigen mochte. Nun schenkt Gott mir immer wieder neue Beziehungen und liebe Menschen, bei denen ich den Mut finde, mich auch in Notsituationen wieder zu öffnen bzw. mich einfach mit dem mitzuteilen, was in mir vorgeht.

Berufliche Perspektiven

Durch meine ehrenamtliche Gemeindearbeit, die ich je nach meinen Neigungen und meiner Kraft in ihren Anforderungen steigern kann, hat Gott mein negatives berufliches Selbstbild korrigiert und mir die Furcht vor einer Arbeitsstelle »da draußen« genommen. Nachdem ich seit 1996 in verschiedene Gemeindeaufgaben »reingerochen« habe

*(Putzen, Putzdienstorganisation, Büchertisch, Kinderarbeit etc.),
konzentriere ich mich jetzt, 1999, überwiegend auf den beratenden
Bereich. Ich bin im Gebetsdienst, arbeite (noch bis zum Sommer
1999) in einer Beratergruppe für KleingruppenleiterInnen, in denen
wir u. a. Schulungen vorbereiten, mit und biete privat Seelsorge an.
Der Aufbau einer Seelsorgegesprächsgruppe in der Gemeinde ist
geplant. Durch das Schreiben dieses Buches war ich herausgefordert, mich noch mal aktiv mit meinen positiven und negativen Erfahrungen zum 12-Schritte-Programm auseinander zu setzen. Das
Schreiben hat mir geholfen, die Erfahrungen zu verarbeiten und jetzt
mit Ruhe und einer versöhnlichen Haltung – zurückschauen zu können. Ob und in welcher Form das 12-Schritte-Programm mich
zukünftig begleitet, ist offen. Gott schenkt mir den Mut, mich wieder
aktiver zu bewerben, gibt mir aber auch die Freiheit, auf Stellenan-
gebote nicht zu reagieren, wenn ich von vornherein z. B. wegen völlig
anderer Wertvorstellungen Bauchschmerzen bei dem Angebot habe,
bzw. bei einem bezahlten Stundenjob wegzugehen, wenn er mir nicht
gefällt und nicht zu lange damit zu warten.[64] Zur Zeit betreue ich
einige Stunden in der Woche ein Schulkind und fühle mich sehr wohl
mit dieser Stelle. Gelegentlich werde ich gebeten, mich als Referentin
zum Thema der Abhängigkeit in zwischenmenschlichen oder auch
ideologischen (z. B. New Age) Zusammenhängen zu äußern. Von
März bis Mai habe ich mich intensiv mit möglichen Seelsorge-
ausbildungen beschäftigt. Nun habe ich mich entschieden, im September 1999 eine zweijährige Zusatzausbildung für Hochschulab-
solventen zur Christlichen Psychotherapeutin bei der DE'IGNIS
Kurklinik zu beginnen, bei der ich einige Male im Jahr vor Ort sein
werde. Ich bin der Kurklinik, meiner Gemeinde sowie meiner Mutter
sehr dankbar, dass sie mir durch finanzielle Entlastung bzw. Unterstützung die Ausbildung möglich machen. Nach 23 Jahren Aus-*

---

[64] Im Herbst 1998 bin ich durch einen mich fast lähmenden Konflikt darüber, ob ich
mich auf ein bestimmtes Stellenangebot außerhalb von O. bewerben soll bzw. von
Gottes Seite her »muss«, auf das Buch von Robinson Haddon; Der Wille Gottes und
die Freiheit unserer Entscheidungen; gestoßen; Marburg 1992. Mir hat das Buch
sehr geholfen, in meinen Alltagsentscheidungen wieder spontaner sein zu können,
während ich als Grundhaltung Gottes Willen und Führung seit dieser Zeit respek-
tiere und vertraue – auch wenn ich vieles nicht verstehe.

bildungen, befristeten Tätigkeiten und oftmals sehr mühsamer Berufsorientierung hat Gott mir meinen Weg gezeigt und ich bin sehr gespannt, wie er meine verschiedenen Kompetenzen und Erfahrungen in seinem Sinne bündeln und einsetzen will. Was für eine Befreiung, was für eine Freude!

Wachsende Freiheit in zwischenmenschlichen Beziehungen

Die liebende und innige Beziehung zu Gott macht uns frei davon, eine gute Beziehung haben zu müssen, die alles erfüllt. Auch in Zeiten, in denen keine enge Freundschaft oder Beziehung vorhanden ist oder Freundschaften in Krisen stecken, dürfen wir wissen, dass eine Bindung, nämlich die zu Gott, immer für uns als Angebot besteht. Bei Gott erfüllt sich das tiefe Grundbedürfnis nach Geborgenheit, bedingungsloser Liebe und Urvertrauen Mit dieser Erfahrung, in die uns Gott zunehmend hineinwachsen lassen will, können wir Menschen freisetzen und loslassen. Wir können zu anderen und auch zu uns selbst eine zunehmend gelassenere Haltung einnehmen. Zeitweise Distanz und Abgrenzung ist so genauso möglich wie der Ausdruck des Bedürfnisses nach Nähe und Austausch. Früher sind wir nicht selten voreilig Beziehungen zu Frauen und Männern eingegangen und haben einen hohen Preis für Beziehungskrisen und Trennungen bezahlt. Wenn wir unseren Wunsch nach Geborgenheit von Gott befriedigen lassen, zusätzlich mit Gottes Hilfe ein gutes soziales Netz aufgebaut haben und bei dem Kennenlernen eines möglichen neuen Partners die intime körperliche Bindung außen vorlassen, dann ersparen wir uns einige schmerzhafte Erfahrungen.

Gott hat ein großes Interesse daran, dass wir ein gesundes Maß an Beziehungsaktivität entwickeln und auch konfliktfähig werden. Gleichzeitig lernen wir zu warten und im Gebet unsere Beziehungssorgen an Gott abzugeben. Für uns ehemals Beziehungssüchtige ist, wie wir gesehen haben, nicht nur wichtig, dass wir lernen loszulassen und Distanz und Unterschiedlichkeit als Geschenk anzunehmen. Genauso ist es wichtig, dass wir in Beziehungskrisen die Beziehung nicht vorschnell aufgeben, sondern in einer guten Mischung von Dranbleiben und Vertrauen darauf, dass Gott die Beziehung wieder heilen möchte, die schwierigen Zeiten bestehen. Mit seiner Hilfe können wir lernen, klar zu kommunizieren. Eingebettet in vielfältige Beziehungen – Gemeinde, Ursprungsfamilie, Freunde – können gerade diese Zeiten unseren Charakter formen. Wenn wir dabei auch von Gott herausgefordert werden, neues Beziehungsverhalten zu erlernen, so brauchen wir uns dabei jedoch nicht zu überfordern. Gott hilft uns, zu unseren derzeitigen Begrenzungen zu stehen und die des anderen in Liebe wahrzunehmen und zu akzeptieren. So kann es manchmal sinnvoll sein, eine Beziehung zu beenden oder eine Weile ruhen zu lassen bzw. weniger Kontakte zu haben und diese eventuell zu einem späteren Zeitpunkt wieder aufzunehmen bzw. zu intensivieren. Auch bei eher kurzen und oberflächlicheren Kontakten, die zu unserem Alltag gehören, möchte Gott Freiheit schenken und von Kontaktängsten befreien. Gerade diese unkomplizierten Kontakte, die spontan Möglichkeiten schenken, Alltagserlebnisse »zu verarbeiten«, tragen zur Entlastung der engeren Beziehungen bei. Vielfältige Erfahrungen mit kurzen, herzlichen Kontakten, als auch die wachsende Fähigkeit, tiefere Beziehungen zu pflegen, ist für Menschen, die hier überwiegend Mangel erlebt haben, eine sehr heilsame und tiefe Freude auslösende Erfahrung.

Wie können wir in diesem Prozess mit eventuellen Rückschlägen in unserem Suchtverhalten umgehen? Beziehungen sind und bleiben sensible Gebilde, die uns verunsichern und ängstigen können. Als Kinder haben wir auf diese Irritationen und schmerzhaften Erfahrungen mit vielfältigen, zum Naturell passenden Lösungswegen reagiert. In Ermangelung einer tragenden Gottesbeziehung haben wir in unserer Not Schutzprogramme entwickelt. So versuchte ich, mich möglichst zu kontrollieren, damit ich nichts Falsches tue und den anderen nicht verärgere oder verletze. Die mögliche zornige und abweisende Reaktion hätte unweigerlich massive Verlustangst und Schuldgefühle bei mir ausgelöst. Ich entwickelte schon früh gedankliche Zwänge, in denen ich die vorherigen Situationen immer wieder betrachtete und analysierte. Andere Süchte und Zwänge kamen hinzu. In aktuellen Belastungssituationen reagieren wir nicht selten wieder mit unseren antrainierten Schutzmechanismen.

Mit der Kapitulation unserer mühsamen und uns oft selbst schadenden Bewältigungsstrategien in die liebende Hand Gottes können wir lernen, in Unsicherheit, Angst und Leid anders zu reagieren. Ich beginne den Bibelvers zu verstehen, der mich 1988 beim wöchentlichen Ausklang unserer Selbsthilfegruppe in einer Kneipe so fasziniert hatte: »Alle eure Sorge werft auf ihn, denn er sorgt für euch« (1. Petr 5, 7). In dem vorherigen Vers (1. Petr 5, 6) macht Petrus deutlich, dass Gott, wenn wir uns seiner Macht anvertrauen, zu *seiner* Zeit das Problem lösen wird. So wird es möglich, mit ungeklärten, auch schmerzhaften Beziehungszeiten zu leben, ohne in die immer gleichen Sorgengedanken und in das verkrampfte Suchen nach Befreiung aus dem Schmerz zu verfallen. In Stressituationen neige ich immer noch zu übermäßigen Denk- und Analyseaktivitäten, doch mit dem wachsenden Vertrauen in Gott ist dieses »Werfen der Sorge« zunehmend möglich. Nüchternes Fühlen, Denken und Handeln wird so auch in emotionalen Stresssituationen machbarer, sei es dadurch, dass Gott mir den Mut gibt, ein offenes Gespräch gerade da zu suchen, wo ich früher aus Angst geschwiegen habe, oder in bestimmten Momenten innerlich loszulassen und auf Gottes weiteres Wirken zu vertrauen, da, wo ich früher gekämpft und überreagiert habe.

In Stresszeiten lebt auch die Angst vor schmerzhaften Wiederholungen wieder auf. Wie oft gerieten unsere Beziehungen immer durch die gleichen Auslöser in eine Krise, deren Ablauf wir genau kennen, wie oft sind doch die Beziehungen an den gleichen Krisenpunkten auseinander gebrochen? Wenn wir uns mit diesen Ängsten und Wunden an Gott hängen, haben wir eine realistische Chance, den alten Wiederholungskreislauf zu verlassen. Gott möchte uns mit neuen Erfahrungen versorgen und beschenken.

Schaut nach vorne, denn ich will etwas Neues tun! Es hat schon begonnen, habt ihr es noch nicht gemerkt? Durch die Wüste will ich eine Straße bauen, Flüsse sollen in der öden Gegend fließen (Jes 43, 19).

Gott möchte aus uns liebesfähige, transparente und einander dienende Menschen machen. Ein großes Ziel, das ohne Gottes Liebe und Führung nicht erreichbar ist.

»Noch in einem anderen Punkt unterscheidet sich die christliche Liebe ganz wesentlich von der allgemeinen menschlichen Liebe. Die menschliche Liebe ist eine Regung des Herzens; sie ist etwas, was einfach geschieht, ohne dass wir uns darum bemühen. Agape, die christliche Liebe dagegen, fordert die ganze Persönlichkeit. Diese Liebe ist nicht nur ein Zustand des Herzens, sondern auch des Geistes, sie ist nicht nur Sache des Gefühls, sondern auch des Willens. Sie ist nicht einfach da, ohne dass wir etwas dazu tun, sondern sie entsteht durch unseren Willen, sie ist ein Sieg, eine Errungenschaft. Ein Aspekt von Agape ist die Fähigkeit, die Kraft und die Entschlossenheit, gerade die Menschen zu lieben, die wir nicht mögen. Diese christliche Liebe ist also ein Sieg über das eigene Ich. Sie ist offensichtlich eine Frucht des Geistes, undenkbar ohne die Kraft Christi. Deshalb ist es sinnlos, darüber zu reden, dass die Welt die Ethik der Bergpredigt und der christlichen Liebe annehmen soll. Das kann der natürliche Mensch gar nicht. Das ist nur dem möglich, der sich Christus hingibt und seinen Geist empfängt.«[65]

Was für eine Entspannung. Wir brauchen und können nichts weitergeben, was wir nicht zuvor empfangen haben. Und Gott würde uns nicht bitten, etwas zu tun, wozu wir nicht fähig sind. Er schenkt uns die Liebe, die wir weitergeben sollen. Wir brauchen und können das göttliche Ideal aus eigener Kraft nicht verwirklichen, gerade in unserer Schwachheit und in unserem Versagen will Gott uns beistehen. Die Frucht der Liebe hängt an einem Baum, der in dem Boden namens Jesus Christus verwurzelt ist.

---

[65] William Barkley; Fleisch oder Geist; Augsburg 1967; S. 58

Das Fundament, das bei euch gelegt wurde, ist Jesus Christus. Niemand kann ein anderes oder gar besseres Fundament legen (1. Kor 3, 11).

Er ist der nährende Grund, wenn wir uns fest in seiner Liebe und seinem Wort verwurzeln.

Denn die Liebe Gottes ist ausgegossen in unsere Herzen durch den Heiligen Geist, der uns gegeben ist (Röm 5, 5b).

Ich bitte Gott, dass er euch aus seinem unerschöpflichen Reichtum Kraft schenkt, damit ihr durch seinen Geist innerlich stark werdet und Christus durch den Glauben in euch lebt. In seiner Liebe sollt ihr fest verwurzelt sein; auf sie sollt ihr bauen. Denn nur so könnt ihr mit allen anderen Christen das Ausmaß dieser Liebe erfahren, die wir doch mit unserem Verstand niemals fassen können. Dann wird diese göttliche Liebe euch immer mehr erfüllen (Eph 3, 16-19).

Das tiefe Erfassen der Tatsache, von ihm geliebt zu werden, verändert unseren Herzensboden und lässt Vertrauen und Demut entstehen. Neue Einstellungen und Gefühle (Wurzeln) können entstehen, die wiederum gute Früchte (Liebe, sich abgrenzen können, Dienen etc.) mit sich bringen. Dies ist ein langsamer Prozess.

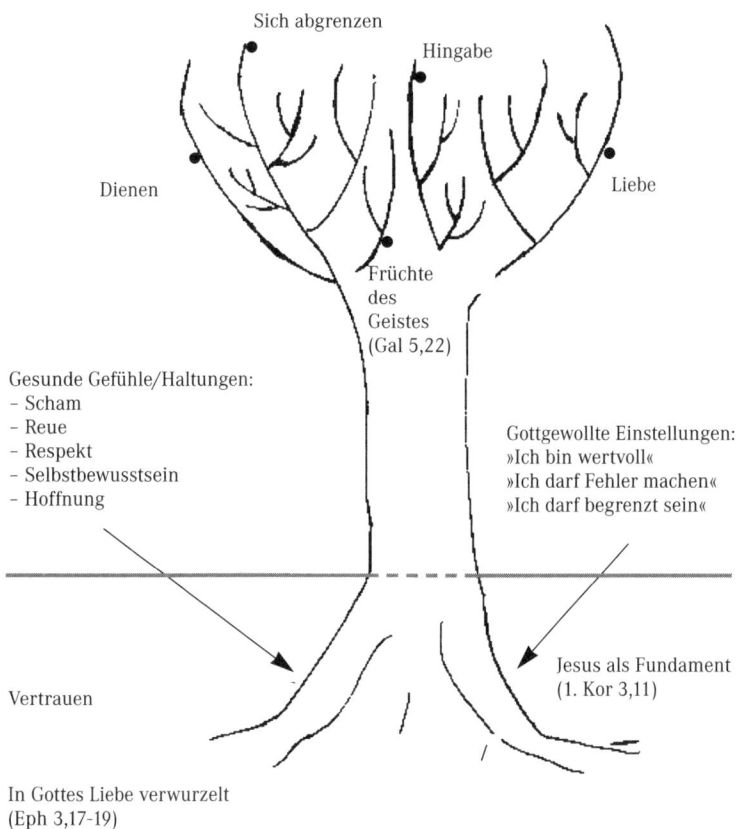

Sich abgrenzen

Hingabe

Dienen

Liebe

Früchte
des
Geistes
(Gal 5,22)

Gesunde Gefühle/Haltungen:
– Scham
– Reue
– Respekt
– Selbstbewusstsein
– Hoffnung

Gottgewollte Einstellungen:
»Ich bin wertvoll«
»Ich darf Fehler machen«
»Ich darf begrenzt sein«

Jesus als Fundament
(1. Kor 3,11)

Vertrauen

In Gottes Liebe verwurzelt
(Eph 3,17-19)

Abb. 5: Baum der Ruhe

Doch ich segne jeden, der mir ganz und gar vertraut.
Er ist wie ein Baum, der nah am Bach steht
und seine Wurzeln zum Wasser streckt:
Die Hitze fürchtet er nicht, denn seine Blätter bleiben grün.
Auch wenn ein trockenes Jahr kommt, sorgt er sich nicht,
sondern trägt Jahr für Jahr Frucht.

(Jer 17, 7+8)

Mit der Entscheidung für Jesus Christus sind wir in Gottes Augen bereits ein neuer Mensch, eine neue Frau, liebes- und beziehungsfähig. Er sieht uns vom Ziel her. Gott bei dieser Liebesarbeit an unserem Herzen zu unterstützen, indem wir ihm erlauben, in alle Winkel unserer ausgetrockneten Herzen gehen zu dürfen, ist das aufregendste und schönste Beziehungsabenteuer, das das Leben zu bieten hat.

Nachtrag

In einem seiner ersten Briefe schreibt Johannes, dass Gott die Liebe selber ist (1. Joh 4, 16). Er hat alles in Liebe geschaffen und liebt seine ganze, wunderbar gemachte Schöpfung. Nun lesen wir im berühmten Kapitel 13 des 1. Korintherbriefes, dass die Liebe – also Gott – geduldig und freundlich ist. Sie drängt sich niemandem auf. Es liegt an uns, ob wir seine Liebe in unser Herz lassen wollen. Gott ist von seinem liebenden Wesen her auf diese Einladung »angewiesen«.

Im Folgenden möchte ich für diese Einladung einen Vorschlag machen. Ergänzen Sie diese mit Ihren eigenen Worten. Lassen Sie sich zu dem Gespräch mit Gott Zeit. Wenn Sie innere Blockaden haben, fragen Sie Jesus, was diese Blockaden zu bedeuten haben. Wenn Sie enttäuscht von Gott sind und sein Handeln nicht verstehen, dann teilen Sie Gott Ihre Gedanken mit. Wenn Ihnen das Gespräch mit Jesus zu nah und intim wird, dann akzeptieren Sie Ihre momentane Grenze und nehmen Sie das Gespräch später wieder auf.

Lieber Jesus,

ich habe bisher versucht, meine emotionalen Probleme (Verletzungen, Ängste, Scham, Schuld etc.) auf eigenem Wege zu lösen. Ich sehe jetzt, dass ich dadurch in innere und äußere Bindungen geraten bin, die mich zusätzlich krank gemacht haben (Beziehungssucht, religiöse Selbsterlösungssucht etc). Bitte verzeih mir meine menschlichen Befreiungswege (wenn Sie auch über andere Dinge in Ihrem Leben eine Schuld empfinden, dann bringen Sie diese jetzt vor Gott).

Ich beginne zu begreifen, dass nur du meine Bedürfnisse nach Freiheit, Liebe und Geborgenheit stillen und mich wieder gesund machen kannst. Danke, dass du meinen Eigensinn, meine autonomen Selbstbefreiungsversuche, meine Süchte und Ängste sowie meine Minderwertigkeitsgefühle vor 2000 Jahren auf Golgatha mit ans Kreuz genommen hast. Hilf mir, noch besser zu verstehen, was du damals am Kreuz alles für mich getan hast. Danke, dass du dadurch den Weg ins Reich Gottes freigemacht hast. Danke, dass du mir vollständig vergeben hast.

Ich entscheide mich, eine gute und gesunde Bindung zu dir einzugehen. Sei du mein Herr und Hirte und hilf mir, dir zu vertrauen. Danke, dass du alle die Wunden, die zu meinen Symptomen und meinem falschen Denken geführt haben, heilen wirst. Bitte schenk mir immer wieder neu Geduld und Bereitschaft, mich auf den Prozess der Heilung und des Liebenlernens einzulassen.

Suchen Sie den Kontakt mit anderen gläubigen Christen. Manchmal kann es gut sein, die persönliche Beichte vor einem Christen Ihres Vertrauens zu wiederholen, um sich die Liebe und Vergebung von Jesus Christus durch den anderen zusprechen zu lassen. Freuen Sie sich, dass Sie nun ein Kind Gottes sind (Gott und sehr viele seiner Engel freuen sich mit Ihnen; Lk 15, 10). Ich würde mich freuen, von Ihnen zu hören, falls Sie diese »beste Entscheidung Ihres Lebens« getroffen haben sollten. Doch spätestens im himmlischen Friedensreich können wir uns über alles in Ruhe austauschen. Dort werden wir auch den wunderbaren Heiland sehen, der sein Paradies für eine Weile verlassen hat, um Ihnen und mir den Weg dorthin freizumachen.

Gott selbst wischt alle Tränen ab
an jenem großen Morgen,
wenn ich leg' hin den Pilgerstab
und frei von allen Sorgen,
von Schmerz und Leiden ruhe aus
in jenem sel'gen Vaterhaus,
wo ew'ger Friede mich erfüllt,
wenn ich ihn schaue unverhüllt.

NORMAN CLAYTON [66]

---

[66] Norman Clayton; in: William MacDonald; Wie wird es im Himmel sein; Bielefeld 1996; S. 23

Anlagen

Anlage 1

Die 12 Schritte von AC, Addicts for Christ e. V. – (Süchtige für Jesus)

1. Wir gaben zu, dass wir uns selbst, unserer Sucht, dem Süchtigen und anderweitig Betroffenen gegenüber machtlos waren und unser Leben nicht mehr meistern konnten.
2. Wir fingen an zu glauben, dass durch Jesus Christus unsere Beziehung zu Gott, dem Vater, in rechter Weise wiederhergestellt werden kann, und somit Heilung und Erneuerung in unserem Leben geschieht.
3. Wir trafen die Entscheidung umzukehren, unseren Willen und unser Leben der Fürsorge Gottes anzuvertrauen und baten Jesus, Herr und Hirte unseres Lebens zu sein.
4. Wir machten eine gründliche, furchtlose und aufrichtige Bestandsaufnahme in unserem Inneren, indem wir Gott baten, uns die Wahrheit über uns selbst, unsere Sünden, Charaktermängel und Fehlhaltungen zu offenbaren.
5. Wir bekannten vor Gott, vor uns selbst und einem anderen Menschen die genaue Art unserer Sünden, Charaktermängel und Fehlhaltungen.
6. Wir wurden völlig bereit, uns durch Gottes Güte in die Umkehr führen und uns in Seiner Liebe, nach Seinem Willen verändern zu lassen.
7. Im Glauben daran, dass Jesus stellvertretend für uns und unsere Sünden am Kreuz gestorben ist, übergaben wir Ihm demütig unsere Sünden, Charaktermängel und Fehlhaltungen und empfingen Seine Vergebung, Seine Erneuerung.
8. Wir machten eine Liste aller Personen, denen wir Schaden zugefügt hatten, und wurden bereit, diesen bei allen wiedergutzumachen.

9. Wir machten bei diesen Menschen alles wieder gut, wo immer es möglich war, es sei denn, wir hätten sie oder andere dadurch verletzt.

10. Wir setzten die Bestandsaufnahme fort, und wenn wir Unrecht hatten, in Sünden fielen oder unsere Charaktermängel und Fehlhaltungen uns bestimmten, gaben wir es sofort zu und baten Gott um Vergebung und Umkehr.

11. Wir suchten durch Gebet und Besinnung über das Wort Gottes, die Gemeinschaft mit Gott zu vertiefen. Wir beteten um die Erkenntnis Seines Willens und um Seine Kraft, um Bereitschaft und Entschlossenheit, Seinen Willen auszuführen.

12. So wie wir in Christus Heil, Gnade und Befreiung von der Sünde, die uns so leicht versklavt, empfangen haben, teilen wir die Erfahrung dieser Freiheit und den Einen, der uns befreit hat, mit denen, die noch leiden, und richten uns täglich neu in allen Bereichen auf ein Leben in der Nachfolge Jesu aus.[67]

Anlage 2

Die 12 Schritte der Anonymen Beziehungssüchtigen (von Inge Westermann leicht abgewandelte Schritteversion von AC, Addicts for Christ e. V.)[68]

1. Wir gaben zu, dass wir einer oder mehreren Beziehung(en) gegenüber abhängig und machtlos waren und unser Leben nicht mehr meistern konnten.
2. Wir kamen zu der Überzeugung, dass nur die Beziehung zu einer Macht – größer als wir selbst – uns unsere seelische Gesundheit wiedergeben kann. Wir fingen an zu glauben, dass Jesus Christus diese größere Macht ist und dass durch ihn Heilung und Erneuerung in unserem Leben geschehen kann.
3. Wir trafen die Entscheidung, unseren Willen und unser Leben der Fürsorge Gottes anzuvertrauen und baten Jesus Christus, Herr und Hirte unseres Lebens zu werden.
4. Wir machten eine gründliche, furchtlose und aufrichtige Bestandsaufnahme in unserem Inneren, indem wir Gott, unseren Vater, baten, uns die Wahrheit über uns selbst, unsere Sünden, Charaktermängel und Fehlhaltungen zu offenbaren.
5. Wir bekannten vor Gott, vor uns selbst und einem anderen Menschen die genaue Art unserer Sünden, Charaktermängel und Fehlhaltungen.
6. Wir wurden völlig bereit, uns durch Gottes Güte in die Umkehr führen und uns in Seiner Liebe, nach Seinem Willen verändern zu lassen.
7. Im Glauben daran, dass Jesus stellvertretend für uns und unsere Sünden am Kreuz gestorben ist, übergaben wir Ihm demütig unsere Sünden, Charaktermängel und Fehlhaltungen und empfingen Seine Vergebung, Seine Erneuerung.

---

[68] Mit freundlicher Genehmigung von AC – Addicts for Christ e. V.

8. Wir machten eine Liste aller Personen, denen wir Schaden zugefügt hatten, und wurden bereit, diesen bei allen wieder gutzumachen.

9. Wir machten bei diesen Menschen alles wieder gut, wo immer es möglich war, es sei denn, wir hätten sie oder andere dadurch verletzt.

10. Wir setzten die Bestandsaufnahme fort, und wenn wir Unrecht hatten, in Sünden fielen oder unsere Charaktermängel und Fehlhaltungen uns bestimmten, gaben wir es sofort zu und baten Gott um Vergebung und Umkehr.

11. Wir suchten durch Gebet und Besinnung über das Wort Gottes, die Gemeinschaft mit Gott zu vertiefen. Wir beteten um die Erkenntnis Seines Willens und um Seine Kraft, um Bereitschaft und Entschlossenheit, Seinen Willen auszuführen.

12. So wie wir in Christus Heil, Gnade und Befreiung von der Sünde, die uns so leicht versklavt, empfangen haben, teilen wir die Erfahrung dieser Freiheit und den Einen, der uns befreit hat, mit denen, die noch leiden, und richten uns täglich neu in allen Bereichen auf ein Leben in der Nachfolge Jesu aus.

Literaturliste

Alsdorf, Friedemann; Thema Sucht: in: Eigene Schulungsunterlagen der IGNIS-Schulung für Laienseelsorger in Hamburg, Okt. 96 – Jan. 98

Anderson, Neil T.; Neues Leben – neue Identität; Lage 1996

Baar, Bodo; Wege aus dem Schamangst-Zyklus; in: Befreiende Wahrheit; Nr. 6/95; S. 50

Baar, Hanne; Das Gute Kennen – Ausstieg aus negativen Haltungen; in: Befreiende Wahrheit; Nr. 2/94; S. 76

Baar, Hanne; Warum Ablehnung so wehtut; in: Befreiende Wahrheit; Nr. 9/96; S. 60

Bambach, Joachim; Aufeinander zugehen – Süchtige in der Gemeinde; in: Befreiende Wahrheit; Nr. 7/96; S. 28

Barall, Peter; Wege aus der Angst – Zur Wirksamkeit befreit; Gießen 1985

Barkley, William; Fleisch oder Geist; Augsburg 1967

Beattie, Melody; Die Sucht, gebraucht zu werden; München 1990

Beattie, Melody; Unabhängig sein – Jenseits der Sucht, gebraucht zu werden; München 1991

Becker, Wilhard; Der Angriff der Liebe; Hannover-Kirchrode 1965

Bradshow, John; Wenn Scham krank macht; München 1992

Braiker, Harriet; Giftige Beziehungen – wenn andere uns krank machen; Frankfurt 1993

Brakelmann, Günther; Leistung – frei von Zwang; Quelle unbekannt

Burnham, Sue; Was uns Frauen stark macht; Neuhausen-Stuttgart 1988

Furch, Magdalena; Ich fühle mich wohl in meiner Haut; Ein tragendes Selbstwertgefühl – die Grundlage für ein zufriedenes Leben; Aßlar 1997

Harke, Werner; Das Weltbild der Religionen; in: Der Auftrag, Nr. 30; S. 22

Kaufmann, Waltraud und Heinrich; Unsicherheiten als Chance –Typbedingte Ängste und was sie sagen wollen; Gießen 1995

Keller, Werner; Und die Bibel hat doch Recht – Forscher beweisen die historische Wahrheit; Düsseldorf, Wien 1964

Kopfermann, Wolfram; Mit Jesus gekreuzigt – Römer 6-8; Grundlage jeder Seelsorge; IGNIS-Studientext; Kitzingen 1993

Marshall, Catherine; Gott hat keine Enkel; Neukirchen-Vluyn 1995

McDonald, William; Wie wird es im Himmel sein; Bielefeld 1996

McDowell, Josh; Die Bibel im Test – Tatsachen und Argumente für die Wahrheit der Bibel; Neuhausen-Stuttgart 1993

McGee, Robert S.; Du bist Du – Die Grundlage für ein gesundes Selbstwertgefühl; Wiesbaden 1994

Meskemper, Gottfried; Aufklärung im Paradies; in: factum; Nr. 7/8;

Meyer, Joyce; Frei werden von Ablehnung; Fürth 1998

Miller, Keith; Bitte hab' mich lieb – Eine Frau findet Geborgenheit; Aßlar 1978

Newman, Deborah; So bin ich einfach – Meine Identität als Frau entdecken; Holzgerlingen 1999

Norwood, Robin; Wenn Frauen zu sehr lieben; Hamburg 1986

Norwood, Robin; Briefe von Frauen, die zu sehr lieben; Hamburg 1988

Pahls, Wilhelm; Religion oder Evangelium; CH-Berneck 1995

Potter-Efron, Patricia und Ronald; Schamgefühle verstehen und überwinden; München 1992

Rentzel, Lori; Gefühlsmäßige Abhängigkeit; Basel 1985

Riemann, Fritz; Grundformen der Angst; München 1979

Robbinson, Haddon; Der Wille Gottes und die Freiheit unserer Entscheidungen; Marburg 1992

Ryrie C. Charles; Die Bibel verstehen; Dillenburg 1996

Schirrmacher, Thomas; Drewermann und der Buddhismus; in: factum; Nr. 6 und 7/8

Schreck, Alan; Wenn nicht Gottes Sohn, dann Lügner; in: Der Auftrag; Nr. 23, S. 22

Schroeder, Hans Werner; Der Mensch und das Böse; Ursprung, Wesen und Sinn der Widersachermächte; Stuttgart 1984

Seekamp, Helge; Specht-Gloor, Regula; Endlich leben! – Heilung, Veränderung, Gelassenheit – Das 12-Schritte-Programm- Ein Arbeitsbuch für Selbsthilfegruppen; Gießen

Thompson, Dr. Bruce und Barbara; Wiederherstellung der Persönlichkeit; Solingen 1993

Trobisch, Walter; Liebe dich selbst – Selbstannahme und Schwermut; Hamburg 1975

Urquhart, Colin; Mein liebes Kind – Hören auf das Herz Gottes; Solingen 1992

Urquhart, Colin; Mein lieber Sohn –Eine persönliche Offenbarung über Jesus Christus; Solingen 1993

Vonderen, Jeff van; Ich kann's nicht allen recht machen. Der richtige Umgang mit Erwartungen und Ansprüchen; Wuppertal 1985

White, E.G.; Der Weg zu Christus; Hamburg (ohne Jahresangabe)

Wilson-Schaef, Anne; Im Zeitalter der Sucht; München 1991

Zeitschriften

Befreiende Wahrheit; Zeitschrift für Seelsorge und christliche Therapie; Hg.: IGNIS – Akademie für christliche Psychologie; Kitzingen; Nr. 2, 6, 7 und 9.

Der Auftrag; Eine christliche Lehrzeitschrift; Hg.: Jugend mit einer Mission e. V.; Hurlach; Nr. 23, »Jesus Christus«, 1987; Nr. 30, ›Gott, unser Vater‹, 1989; Nr. 61 »Zeitgeist«, 1996

Ethos –Für die Familie; Ch-Berneck; Nr. 7/96

factum; Fakten und Analysen zum Verständnis unserer Zeit; Hg.: Förderung christlicher Publistik; CH-Heerbrugg; Nr. 6 und 7/8

Bibeln

Hoffnung für alle; Basel 1996

Luther 1999, Stuttgart 1999

Lexika/Wörterbücher

Biblisches Wörterbuch; Hg. J. Blunck u. a.; Wuppertal 1982
Lexikon der Sekten, Sondergruppen und Weltanschauungen; Hg.:
   Gasper, H.; Müller J.; Valentin F., Freiburg 1990
Praktisches Lexikon der Spiritualität; Christian Schütz (Hg.);
   Freiburg 1992

hänssler

Inge Westermann
Sehnsucht nach dem verlorenen Paradies
Erfahrungen mit New Age und Christentum

Tb., 104 S.
Nr. 393.760, ISBN 3-7751-3760-2

Inge Westermann sehnte sich nach innerer Freiheit, einem harmonischen Miteinander, Liebe und nach einer heilen Gesellschaft – eben nach dem Paradies hier auf Erden. Deshalb beschäftigte sie sich mit den verschiedensten Weltanschauungen. Schließlich öffnete sie sich dem New Age, das von einem neuen Menschen in einem neuen Zeitalter ausgeht. Nach ihrer Entscheidung für Jesus Christus erkannte sie jedoch, dass diese Ideologie ihr keineswegs die erhoffte Freiheit brachte.
Anregend und leicht verständlich vergleicht sie in diesem Buch die New-Age-Bewegung mit dem christlichen Glauben, der uns in unserer unvollkommenen Welt Hoffnung und Perspektive schenkt.

Bitte fragen Sie in Ihrer Buchhandlung nach diesem Buch!
Oder schreiben Sie an den Hänssler Verlag, D-71087 Holzgerlingen.

hänssler

Traugott Kögler
Phantasiereisen und andere spirituelle Techniken
Eine kritische Studie

Tb., 210 S.
Nr. 393.488, ISBN 3-7751-3488-3

Esoterische Praktiken überschwemmen seit längerer Zeit nicht
nur den Psycho-Markt, sondern sie dringen auch in Kindergärten
und Schulen, in Familien und Gemeinden ein. Oft ist man sich
der Gefahren, die diese Techniken mit sich bringen können, nicht
bewusst.
Traugott Kögler untersucht als Pädagoge und Christ vier verbreitete Methoden:
• Phantasiereisen
• Mandala-Malen
• Neurolinguistisches Programmieren (NLP)
• Yoga
Er beschreibt diese Techniken, zeigt ihre weltanschaulichen Hintergründe auf und weist auf Gefahren und Widersprüche zum
christlichen Glauben hin.
Das Buch bietet eine gute Grundlage, sich sachlich und kritisch
mit diesen Methoden auseinanderzusetzen.

Bitte fragen Sie in Ihrer Buchhandlung nach diesem Buch!
Oder schreiben Sie an den Hänssler Verlag, D-71087 Holzgerlingen.